教科書の中の宗教

――この奇妙な実態

藤原聖子
Satoko Fujiwara

岩波新書
1313

はじめに

日本の宗教教育論争の盲点

二〇〇六年一二月に教育基本法が改正され、二〇一一年四月から小学校を皮切りに新学習指導要領への移行が始まった。中等教育の教科書の改訂も進んでいる。基本法改正に先立ち、愛国心や伝統・道徳を強調したい改正推進派と、国家主義化を警戒する反対派の間で論争が起こったことはここで繰り返すまでもないだろう。

この愛国心論争ほど大きくはなかったが、公教育において宗教をどう扱うかという、戦後たびたび議論をよんだ問題も再燃した。宗教教育推進派は、基本法改正を、「宗教的情操教育」を導入する好機ととらえた。宗教的情操教育とは、宗教知識教育と対比して使われる言葉で、道徳教育的な宗教教育のことである。単に「世界にはこういった宗教がある」と教えるのではなく、子どもたちの情操面の成長には宗教心が必要だという考えから、これを学校で育もうというのである。政教分離を原則とする日本では、そのような教育は宗教系の私立校では問題なく認められているが、公立校では不可能であるとするのが一般的な憲法解釈である。しかし推

教育基本法の宗教に関する記述の変化

〔改正前〕
第 9 条　宗教に関する寛容の態度及び宗教の社会生活における地位は，教育上これを尊重しなければならない．

〔改正後〕
第 15 条　宗教に関する寛容の態度，宗教に関する一般的な教養及び宗教の社会生活における地位は，教育上尊重されなければならない．

＊改正が検討されていたときの民主党案には，「宗教的感性の涵養及び宗教に関する寛容の態度を養うことは，教育上尊重されなければならない」という項目が入っていた．
＊傍点は筆者による．

進派は、昨今の青少年による殺傷事件などを引き合いに出し、心豊かで命を重んじる人間を育てるには、宗教的情操教育は公立校でも不可欠だと主張した。

結果的に、改正教育基本法には「宗教的情操」ではなく「宗教に関する一般的な教養」の尊重という文言が加わった。「宗教的情操」に比べると知識教育に近い表現にとどまったわけだが、その原因は、当時の与党であった自民党が教育界の改正反対派に歩み寄ったためではなく、国家と宗教の結びつきによる宗教弾圧を警戒する連立相手の公明党が、国家主導の宗教教育に反対したためといわれる。

だが、この一連の対立の前提となっているのは、旧基本法に基づく従来の学校教育は、少なくとも公立校の場合、かなり厳格な政教分離の原則に則ってきたという認識である。だからこそ、宗教教育推進派は、教育基本法や学習指導要領といった、全国的に拘束力をもつ規定のレベルで宗教的情操教育をもり込んでほしいと文部科学省に働きかけた。そして反対派は、個人の内面の自由のために、旧基本法を守ろうとした。

本書が明らかにしたいのは、まさにこの前提が誤っていたということである。すなわち、旧基本法下で、政教分離の原則はとうに踏み越えられていたのである。しかも、一部の学校で密やかに、ではなく、きわめて堂々と、である。というのも、検定を通過した教科書がまさにそうなっていたからである。特定の出版社の教科書ではなく、すべての教科書に共有されていた問題である。

といっても、にわかに信じてはもらえないだろう。作成の過程でも、検定の過程でも、何人、何十人の専門家が目を通し、さらに全国の学校で使われている教科書に、そんな基本的な問題があるなどとは……。

しかし、そこがまさに盲点になっているのだ。かくいう筆者も、宗教学を専門とするにもかかわらず、教科書の問題に気づいたのはごく最近である。きっかけは二つある。一つは、数年前に、諸外国の教科書で宗教がどのように記述されているかを共同研究したこと。この調査により比較対象ができたおかげで、日本の教科書の特徴がよくわかってきたのである。もう一つは、新課程用の高校「倫理」教科書の改訂作業に筆者も加わることになり、教科書を一文一文熟読したことである。さまざまな教科の中でも、「倫理」の教科書は、宗教に関する記述が割合としてもっとも多い。とはいえ、その内容は、キリスト教や仏教の〈基礎の基礎〉にあたるものにすぎない。そこに問題などあろうはずがないと誰もが思っている部分が、実は一番おかしいということがみえてきたのである。加えて、教科書制作の内部事情を知ることで、なぜ問題が放置されてしまうのかも徐々にわかってきた。

本論に入る前に、問題をもう少し整理しておけば、ここで「政教分離の原則を踏み越えている」とは、宗教に関する記述が中立的・客観的ではないという意味である。宗教心の注入だけでなく、特定の宗教に関する不用意な価値判断、偏見・差別が随所にみられるのである。もちろん、科学的客観性自体が虚構だとの議論があることは筆者も承知しているが、それでも一般には、教科書というものは中立的・客観的でなければ困るということに、多くの人が賛同するだろう。

よく知られている歴史教科書論争と比較すれば、歴史解釈なら、特定の記述の背後にある執筆者の思惑がわかりやすい。少なくとも従来の争点である、大戦の位置づけなどについてはそういえるだろう。ところが、宗教に関する記述では、「いったいこの教科書は誰のためにこの宗教を擁護しているのか」と思わずつっ込みたくなるようなものが多い。つまり、制作者側にあまり自覚がないままに、あれやこれやの価値判断が行われているのである。そのため、単に「思想的に偏っている」といった言葉では言い尽くせない、非常に〝奇妙〟な事態が持ち上がっているのだ。

この、「自覚がないままに」という点が、筆者の考えではまさに最大の問題である。教育というものは、あらゆる価値から完全に離れることは不可能かもしれない。たとえば平和教育は、戦争より平和がよいという価値観を自明視している。いや、教育をするということ自体が、人間を特定の方向に向上させようという価値観に基づいているともいえる。しかしそのことを人々がわきまえていて、合意のうえで取り組むのなら、教育が価値に踏み込んでも許されよう。それに対して、宗教に関する記述がはらむ価値の次元は、そもそも認知されていないのである。宗教教育の可否はよく議論はされてきたが、実はどのような記述が政教分離に則ったもので、どうなるとそれに抵触するのか、推進派も反対派もわかっていなかったのではないか、これが本書の問題提起である。

教育基本法に「宗教に関する一般的な教養」の尊重という文言が加わったことを受け、新学習指導要領では中学・高校の社会科系の科目全般にわたって宗教への言及が増えた。その目的が、グローバル化時代に必要な国際教養として、国内外の諸宗教の歴史と現在についてもっとよく知ろうというものなら、誰でも歓迎こそすれ頭から否定はしないだろう。だが、教科書制作の現場や、教育現場の認識が現状のままでは、今後教科書の宗教記述の問題は増幅されてしまうだろう。諸宗教に対する理解が深まるのではなく、偏見が増すおそれがあるということである。

しかも、本書で指摘する問題は教科書にとどまるものではない。日本人は教科書を絶対視する傾向が強いといわれがちだが、教科書の記述の特徴は学校の外でも規範として働くことなのか、同様の問題は市販の宗教入門書にも広く見られるのである(教科書執筆者が入門書を参考にするケースもあるだろうから、影響関係は一方向というより循環しているのかもしれない)。

こう述べると、本書はかなり大勢の人々に警戒されそうだが、それは筆者の意図するところではない。むしろ、教科書を制作する人々、教育に携わる人々と協力しながら教科書を改善できたらというのが筆者の願いであり、本書はその第一歩にすぎない。というのも、本論で述べていくように、制作システム上、教科書は誰か一人で改善できるようにはなっていないからである。したがって、教科書を批評するといっても、名指しで批判はせず、出版社名は記号に置き換えていく。出版社名をあげるとどうしても、問題を全体で共有するという目的から離れてしまいそうだからである。最後には改善のための具体的な提案も述べていきたい。

本書の構成

全体の構成だが、宗教に関する記述の問題性を、大きく二つに分けて論じる。一つは、教科書が、意図的ではなく結果的に、特定の宗教的信仰を受け入れさせようとしてしまっている問題。もう一つは、教科書がある宗教を他の宗教より優れているとしたり、逆にある宗教に対し差別的な偏見を示している問題。1章では前者の問題に焦点をあて、教科書から具体例をあげていく。2章ではそのような問題が発生する原因について述べる。3章では後者の問題をやはり具体的に分析し、4章でその原因を探る。

分析する日本の教科書は、中学・高校の社会科全般である。小学校の教科書や、国語等の他教科の教科書にも宗教的な要素が入ることはあるが、本書は、教科書制作者に宗教を教えているという自覚が明確な中学校以上の社会科科目に対象を限定する。また、その中でも高校公民科の倫理の教科書を中心に取り上げる。倫理という科目は、歴史等に比べると開講している学校は少ないが(実施校でも、必修・選択の両ケースがある)、これまでの教養教育としての宗教の教育の問題を集約的に示しているからである。

5章では、これらの問題をめぐる海外の状況を紹介する。どうすれば特定宗教への差別・偏見がなくなるのかについては、各宗教団体の声を取り入れつつ、宗教的に中立な機関が教育を主導するイギリスやアメリカの取り組みの例がある。だが、この方法によって作られたアメリカの教科書をめぐって、とくに二〇〇一年の同時多発テロ事件以後、大きな論争が起こっている。他方、ドイツでは、公的機関よりも、各宗教団体が教育を主導することで、宗教的中立を保てるという考えが強い。なぜそうなるのかをカルト問題の取り上げ方を例に紹介する。さらに、どうすれば信仰をおしつけることなく宗教を教えることができるかについては、新たな試みとして国際的にも注目を浴びている、カナダ・ケベック州の新科目「倫理・宗教文化」科をめぐる論争を分析する。またトルコをはじめアジア諸国でも真摯な試みがあることも概観する。6章は以上をふまえて、では、日本ではどうすればよいのか、そして学校教育という場で宗教を語るとはそもそもどういうことなのかを論じる。

宗教教育の種類

本論に入る前に、宗教教育に関する用語を改めて説明しておきたい。日本では、もっとも一般的に、宗教教育は三つに分類されている。「宗派教育」「宗教的情操教育」「宗教知識教育」である。宗派教育は特定の宗教への信仰を育むための教育である。改宗までいかなくとも、何らかの教化・感化を目指す。日本の場合、これは宗教系私立校では許されているが、当然ながら公立校では禁じられている。狭義の「宗教教育」の語は、この宗派教育を指すことが多い。他方、宗教知識教育は、歴史等の一般教科で、宗教に関する知識を客観的に伝える教育であり、これは政教分離に抵触しないとされ、公立校でも認められている。

もっとも意見が分かれ、激しい議論の的となってきたのは、二番目の宗教的情操教育である。これは特定の宗教に限定されない宗教的情操を養う教育である。宗教的情操は、「生命の根源すなわち聖なるものに対する畏敬の念」(一九六六年中央教育審議会「期待される人間像」)、「人智を超えた大いなるものに対する畏敬の念」などと表現されてきたが、一言でいえば広義の宗教心である。世の中は目に見える物質だけで成り立っているわけではない、自分は人間を超えた存在に「生かされている」のだという認識をもち、感謝しなくてはならないということを教えるものである。道徳教育的、あるいは心の教育的な宗教教育である(実際、二〇〇二年に文科省が配布した道徳副教材『心のノート』には、「人間の力を超えているなあと思えるものに出会い、「すごいなあ」と感動したことにどんなことがありますか」といった文章が登場する)。

このように宗教的情操教育は、一つの宗教に偏った教育ではない。では公立校でも可能かというと、反対派は、これを特定の価値を植えつける教育とみて、生徒の内面に踏み込むものだから政教分離に反すると主張してきた。とくに「大いなるもの」に敬服する姿勢を強制するのは、戦前の教育への逆戻りだというのである。逆に推進派は、宗教的情操なくしては道徳教育は完成されない、エゴイズムや人間中心主義は克服されないと考え、公教育全般でこれが実施されることを求めてきた。

したがって、三種の宗教教育を並べると、宗教知識教育→宗教的情操教育→宗派教育の順に宗教色が濃くなり、公立校での実施不可能度が上がることになる。筆者が改訂に加わった、倫理教科書の宗教の記述はどこに位置づけられるのかというと、一般には、宗教知識教育に属すると信じられている。経緯としては、一九五八年から六〇年にかけて、小・中学校に「道徳」

の授業が設置されたのに続き、高校には「倫理」(当時の名称は「倫理・社会」)が導入された。当時は「逆コース」と呼ばれた一連の動きである。だが現在の〝常識〟は、「倫理」の授業は道徳教育とは違う、だから普通の「教科」の一つであり、試験による評価の数値化が可能である、つまり「倫理」は哲学や宗教に関する知識の教育だから、センター試験の科目の一つにもなれるのだ、というものであろう。よって、倫理教科書での宗教の描き方は、宗教知識教育としてのもののはずだということになる。

ところが、この理解は、文科省ではどうも〝常識〟でなかったようである。筆者が経験したエピソードを一つあげよう。新学習指導要領に続き、その「解説」が文科省から発表されるのが常だが、それが今回は遅れ、それに準じるものが指導主事や教科書会社向けに二〇〇九年初夏に発表された。その説明会に参加した出版社の編集担当者が、教科書編集会議で開口一番、「いやー、驚きました」と言うので何かと思えば、この説明会で、文科省の担当者は、「高校の倫理科は「道徳教育」なのです、それを忘れないでください」と言ったというのである。たしかに配布資料にも、「倫理」は「高等学校における道徳教育としての人間としての在り方生き方に関する教育」だとある。出版社としては、「そんなの初耳」だったのである。

実は、改正前の学習指導要領解説にも、倫理という科目は「高等学校における道徳教育の役割」をもっているというフレーズがあった。だが、そこに注目する人が教員側・出版社側にいないため、文科省が今回の改正にともない、「見落としていませんか」と特別に注意を促したことになる。配布資料の「高等学校における道徳教育としての人間としての在り方生き方に関する教育」の文言は、半年後に公表された新学習指導要領解説の「倫理」の項目にもしっかりと入っていた(補足すれば、「学習指導要領」は、各教科で教える内容を定めたものであり、その各事項を詳細に説明したものが、「学習指導要領解説」である)。

また、改正教育基本法の「宗教教育」の項に「宗教的情操教育」の言葉が入らなかったことは述べたとおりだが、新指導要領になると、高校「倫理」の教育目標に、「生命に対する畏敬の念」という言葉が新たに付け加わっている。「根源」や「大いなるもの」という言葉がなく、直接「生命に対する」畏敬ということなので、これを、従来理解されてきた宗教的情操と同一とは言いがたい。しかし、文科省は、「倫理」の授業を通して、宗教的情操教育に向けていよいよ動きだしたという印象を受ける人もいるだろう。

それはそれで注目に値するが、本書の主眼はそこではない。道徳教育の是非や宗教的情操教育の是非を論じるのではなく、そういった論争の前提の部分に、知られざるゆがみがあることを示すのが本書の役目である。そのゆがみを正さずに論争を続けても、それは推進派・反対派双方にとって意味のないことになると恐れるためである。

この説明会のエピソードからわかるのは、教科書会社は、自分たちが作ってきたこれまでの倫理教科書は道徳教育ではない、宗教に関しても知識教育にとどめてきたとの明確な認識をもっていたということである。教育界もおおむねそうだろう。だがそれは本当だろうか。その知識教育(であるはずのもの)は、論争の余地のない妥当な内容だったのだろうか。まず、この倫理の現行教科書(旧教育基本法・旧学習指導要領に基づく教科書)の本文から見ていこう。

目次

＊引用文中の太字は原則として原文ママ、〔　〕は著者による注である。また、外国文献の引用文中、断りのない限り、訳は著者による。

1章 教科書が推進する宗教教育

——日本は本当に政教分離か

高校公民科に含まれる「倫理」は、歴史等に比べればマイナーな科目で、必修とする学校もあれば選択とする学校もある。二〇〇九年の採択結果によれば、倫理の教科書の総需要数は、二一万三四一五冊とのことである。同じ公民科の「現代社会」は一一三万五〇〇三冊、「政治・経済」は四四万五二四六冊である。このように他の科目に比べれば少なめとはいえ、二一万というのはそれなりの数である。そのうえ、二〇一二年度から大学入試センター試験に、「倫理、政治・経済」という新科目が加わるのだが、その対策用に、倫理の授業を開講する学校が増えるのではないかとみられている。

ここでは、シェアの大きい上位五社の教科書と、左派系の知識人が多数編集に携わったことで話題になった一社の教科書を見比べてみる。「はじめに」で述べた理由により、文中ではA～F社と記号化するが、著作権法を守るために、書誌情報は明らかにしておかなければならない（表1-1）。多くの出版社が、詳細なA5判と、やや簡略な大型のB5判の二種を出版しているが、ここでは前者を中心に検討する（六社目の教科書は大判のみ）。

目次・構成は各社大同小異であるが、これは学習指導要領の項目に則っているためである。

表 1-1

記号	出版社(発行者)名	書名	著作者名	検定年	発行年
A	清水書院	高等学校 新倫理 改訂版	菅野覚明，熊野純彦，山田忠彰ほか4名	2006	2009
B	東京書籍	倫理	平木幸二郎ほか7名	2007	2009
C	第一学習社	高等学校 改訂版 倫理	越智貢ほか7名	2006	2009
D	数研出版	改訂版 高等学校 倫理	佐藤正英ほか7名	2006	2009
E	実教出版	高校倫理	古田光ほか7名	2007	2009
F	一橋出版	倫理──現在《いま》を未来《あす》につなげる	高橋哲哉ほか21名	2003	2006

他に歴史や地理の教科書では，G＝山川出版社，H＝三省堂，I＝教育出版を指す．

学習指導要領の「倫理」の項には、「内容」として「青年期の課題と自己形成」「人間としての自覚」「国際社会に生きる日本人としての自覚」「現代の特質と倫理的課題」「現代に生きる人間の倫理」「現代の諸課題と倫理」という六つの項目があがっている。各社の教科書の目次は、これらと似た表現の章・節から成り立っている。ただしF社は唯一、表現を大きく変え、「世界の思想のはじまり」「日本の思想のはじまり」「ヨーロッパ近代の知を問いなおす」「日本近代の知を問いなおす」「現代日本の知の課題」「現代の社会と人間をみつめる」「現代の思想的課題にいどむ」という章立てにしている。指導要領の表現では、「人間としての自覚」や「日本人としての自覚」を他人が植えつけるようなニュアンスがあるからこう変更したのだろう。

宗教についてまとまって記述されているのは、このうち「人間としての自覚」と「国際社会に生きる日本人としての自覚」に対応する章である。「人間としての自覚」では、キリスト教、イスラム、仏教の成立と、イエス、ムハンマド、ブッダの思想が、「日本人としての自覚」では、神道、日本仏教、儒教が扱われている(ただし、後述のように、「神道」という言葉は前面に出さず、「日本人(古来)の宗教観」といった表現が使われている)。中国の儒教・道教は、仏教のあとに配する教科書もあれば、キリスト教の前に配する教科書もある。しかしどの教科書でも、全体の約三〇％が宗教関係の内容になっている。

教科書の実態――これは何教育か

最初に紹介したいのは、「人間としての自覚」内のいわゆる三大宗教の記述である。次の引用は、仏教に関する説明部分の最後の段落である。

◇ブッダの思想に学ぶ
「解脱《げだつ》」と「慈悲」――このまさにブッダの教えの両輪をなす二つの理想は、私たちが、自己をみつめ、世界をみつめ、自分の生き方を構築していくにあたって、きわめて大切な指針となるだろう。また、いっさいの存在に価値を認め、一匹の生きもの、一木一草にまで及ぶべきものとする慈悲の思想は、環境破壊を克服し、自然と共生していく道を求められている今日の私たちにとって、さまざまな貴重な示唆を与えてくれるであろう。

（『倫理――現在を未来につなげる』）

この箇所は、前掲の三種の宗教教育のうち、どれにあたると読者は判断されるだろうか。明らかに、単に知識を伝達しているのではなく、「ブッダの教えはあなたにとって大切な指針になる」と価値判断を下し、読者である生徒にそれを受け入れるよう促している。宗教知識教育でないどころか、宗教的情操教育をも飛び越えて、仏教の宗派教育に踏み込んではいないだろうか。

キリスト教やイスラムの説明にも同様の記述があれば、少なくとも特定の宗教に偏っていないとはいえる。だが、この教科書はそうなっていない。キリスト教の節の最後は次のように書かれている。

◇神の前の自己

キリスト教は、私たち一人ひとりの罪を背負って十字架につけられたイエス・キリストの存在によって、すべての人が罪あるままで神から赦《ゆる》され、受け入れられると考える。人が、イエス・キリストをとおして、罪深く、不完全で弱い、ありのままの自分をみつめること、すなわち一個の人間が神と向きあおうとする営みが、キリスト教の核心である。

イエス以降のキリスト教運動の過程で多くの文書が書かれたが、キリスト教の正典として、四世紀には二七の文書による『新約聖書』が成立した。やがて、キリスト教は西洋思想の源流のひとつになり、現在でも十数億人の信徒をもつ世界宗教として、大きな影響力をもっている。

（同右）

こちらはあくまで「キリスト教はこう考える。キリスト教はこうである」というスタイルにとどまり、生徒に向かって「あなたもキリストを通して、罪深い、ありのままの自分をみつめなさい」と迫ってはいない。もちろん、最後だけでなく、節全体を通して、「イエスの教えにあなたも学ぼう」という表現はなされていない。

他方、イスラムはといえば、これはどの教科書にもいえることなのだが、距離感のある、淡白な扱いである。この教科書でもイスラムの節の最後は、「イスラームは、これまで日本人にとって比較的なじみの薄い文化圏であった。だが、今日では、日本人の日常生活もイスラーム世界の動向と無縁ではありえない。イスラームの精神とその現状について偏見なく理解することは、現在の私たちにとってきわめて重要な課題となっている」とまとめられている。この箇所も、知識教育を超えて、「あなたにとってこれが重要だ」と価値判断を下しているが、その価値は、特定の宗教内の価値ではなく異文化理解の類、つまり世俗的な価値である。

このように、限りなく仏教の宗派教育に近いといいうる記述が、現行の教科書に含まれているというのは驚きである。だがさらなる驚きは、この教科書は、左派系知識人が中心になって作成したF社のものだということだ。宗教的情操教育を公教育に導入することに強く反対する人たちの教科書なのである。「日本人としての自覚」という言葉を外すなど、すべての生徒にナショナリズムや日本人アイデンティティを押しつけることを強く警戒する人たちが、宗教に関しては、これほど無頓着に、特定の価値を注入するような書き方をするのである。

F社がこの調子であれば、あとは推して知るべしだが、他の教科書からも宗派教育調の箇所を、同じ単元からいくつか抜粋してみよう。特定の宗教を特別扱いし、それに基づき読者に特定の価値や見方を受け入れるよう求めている箇所や、求めないまでも一方的な価値判断を下している箇所である。

A社の教科書、「キリスト教」の節の末尾。

> キリスト教は、これからも魂の救済を求める人々の心のささえとなるだろう。それとともに、人類的な愛の実践を説くキリスト教の精神は、人類の存続にとって必要不可欠な共

存・共生の倫理の根幹をなすものとして、また人種・民族間における差別に対する警鐘として、人間社会に生きつづけるであろう。

（『高等学校　新倫理　改訂版』、傍点筆者）

諸宗教に対して中立的であるべき教科書が、特定の宗教の存続を予言してよいのだろうか（同じような予言はイスラムや仏教にはなされていない）。また、その必要があるだろうか。

C社の教科書、「仏教」の節の最後「今に生きる仏教の教え」から。

人間の特権を主張する思想は、科学技術の発展をともなって、高度に工業化された社会を生み出した。私たちの生活はその恩恵を受けているが、一方で、それが自然破壊や環境汚染の原因にもなっている。この世界が、人間のためにだけ存在するのではないことや、現在生きている者たちだけのものではないということを、仏教の教えからもう一度考えなおすことも可能だろう。

（『高等学校　改訂版　倫理』）

「可能だろう」という婉曲的な結び方になっているとはいえ、「仏の教えにしたがい、エゴイズムを克服しましょう」調は仏教系学校の「宗教」の時間の語り口である。しかも、さらに次の文章が続いている。

死者をとむらう儀式は簡略化されてきたが、人の死の意味が見えなくなりつつある今日、葬式という儀式がもつ意味を問うことで、死とは何か、人生とは何かをあらためて考えることができるのではないだろうか。

（同右）

これは葬式肯定論・必要論にみえる。葬式無用論も一つの価値判断だが、逆もまたしかりである。

D社の教科書にも、仏教について次のようなまとめがある。

自然を支配し人間のためにそれを開発・利用しようとしてきた西洋近代文明が、物質的豊かさをもたらした反面、自然環境を破壊しつつある今日、仏教の慈悲の精神は私たちに貴重な示唆を与えてくれる。

（『改訂版　高等学校　倫理』）

これに対して、キリスト教やイスラムが生徒に「貴重な示唆を与える」と論じる箇所はない。

また、この箇所に先立っては、「無常・無我を説くブッダの教えは、恒常・不変の我(アートマン)を主張するウパニシャッドの哲学に対する批判である。しかも、それは、西洋の伝統的な哲学とは異なる、仏教独自のすぐれた世界観を提示している」（傍点筆者）という、きわめて明示的に仏教寄りの文章がある。もしここで執筆者が、西洋の哲学と仏教の世界観を比較分析し、後者が勝ると「証明」するならば（そもそも教科書は思想に優劣をつけるべきではないという見識もあろうが）、この文章は勝手な価値判断ではないとはいえる。しかし、そのような根拠は示されていない。

他方、E社の教科書には、キリスト教に関して次のような踏み込んだ記述がある。イエスの教えに関する最後の部分である。

イエスはいう、「敵を愛し、迫害する者のために祈れ」と。それは何のためであるか。神の愛と一つになるためである。神の愛は罪深い者にも及ぶのだから、自分を迫害する者のためにも祈らなければならない。神の愛と一つになったわたしたちの隣人愛は、家族をこえ、民族をこえて普遍的な人類愛をめざしていくべきものである。

（『高校倫理』、傍点筆者）

高らかな宣言で終わっているのだが、これは教会で牧師や神父が信者に向かって投げかけるような言葉ではないだろうか。

筆者も個人的意見としては、仏教はここがよいとか、キリスト教はここがよいなどと思うことはある。だが、教科書が特定の宗教を「お薦め」するというスタイルには、ちょっと待ってくださいといいたい。

国教制の国の宗教科教科書

このような宗教の教え方は、国際的にみてもかなり変わっているかもしれない。実のところ、政教分離でない国教制の国のほうがよほど慎重だったりする。国教制というと、前近代的な制度で、途上国にしかないという思い込みがみられるが、たとえばイギリスは現在もそうである（イングランドは英国国教会、スコットランドは長老派教会が国教）。そして、公立校でも中学まで「宗教」の授業を必修としている。その内容は、もとはキリスト教の宗派教育的授業だったが、非キリスト教徒移民の増加にともない、最近では、多様な宗教を取り上げる非宗派的なアプローチが主流になっている。国内の多文化共生という目的のために、諸宗教に対する偏見を改めさせ、相互理解を促進するようなアプローチである。つまり、日本でいうところの宗教知識教育に近いのだが、単に知識を身につけるだけでなく、異なる信仰をもつ生徒同士が「学びあう」（learning from religion）場を授業で提供するということである。単なる「マルチカルチュラル」ではなく、異文化間の交流を重視する「インターカルチュラル」という意味での多文化主義教育として、宗教科の授業がとらえなおされているのである。教科書もこの動向を反映、あるいはリードしている。

そのような教科書では、生徒に向かって特定の宗教を「お薦め」することはありえない。教室の中にキリスト教徒もイスラム教徒もヒンドゥー教徒もいるというのに、「仏の教えにしたがい、エゴイズムを克服しましょう」と教科書が語ったらどうなるだろうか。かりに、「イエスの教えにもしたがいましょう」「ムハンマドの教えにもしたがいましょう」と、複数の宗教を平等に「お薦め」しても、中立的になるというより、生徒はますます混乱しそうである。

では、生徒同士が学びあうための教科書とは、具体的にどのようなものなのか。イギリスでは教科書検定制度はなく、宗教科の教科書もかなり自由に作成・使用されているが、その中でもインターカルチュラルな宗教教育の例として興味深いのは、ウォリック大学宗教教育研究所が一九九〇年代半ばに作成した小・中学生用シリーズである(このように大学の研究所がプロジェクトとして教科書を作成するケースは少なく、多くは出版社主導、あるいは個々の研究者や教育者が作成する)。

このシリーズの中学生用教科書は、対象年齢と同じ年頃の子どもたちが自ら自分の宗教について語るという形式をとっている。架空の話ではなく、宗教教育研究所の研究者が地元のキリスト、ユダヤ、イスラム、ヒンドゥー、仏教徒の各コミュニティで行ったフィールドワークに基づいている。登場人物はみな実在する子どもたちということだ。

たとえばイスラムの巻を見れば、「イスラムは、アラビア半島で七世紀に生まれた唯一神教です」などと、イスラム一般に関する第三者的な説明文が続くのではなく、「隣に住むイスラム教徒の中学生、○○ちゃん」的主人公が、イギリスでイスラム教徒として毎日どのように暮らしているのか、どのように人生について考えているのかをいきいきと語っている。どのページにも読者を見つめる子どもたちの顔写真がある(図1-1)。

しかも、この教科書はただ信者の生活ぶりや考えを伝えるだけでなく、「学びあい」の効果をねらったアクティビティ(生徒が主体的に学ぶための体験学習的課題)を単元ごとに設けている。主人公の経験や考えを、生徒一人一人が自分の場合に結びつけ、比較し、主人公の宗教について理解を深めるとともに、自身の生き方や考え方を再考する作業を行うためのものである。

イスラムの例であれば、主人公にとって聖典クルアーン(コーラン)や礼拝が非常に重要だということを理解したら、それと同じくらい重要なものは自分にとって何かを考え、さらに静かに心を落ち着かせて人生について考える時間を日々設けることは大切かどうか、それは自分にとって意義があるかどうかを自問するといった具合である。そしてその結果をクラスメートと分かちあうことで、さらに学びあいが広がるのである。

主人公の宗教的行為の対応物は、必ずしも生徒の属する宗教内部のもの(つまり、クルアー

ウォリック大学宗教教育研究所編
『イスラム教徒たち』目次
（＊はイスラム教徒の子どもの名前）

1 はじめに
2 カムラン＊とクルアーンについて
3 シャジア＊とアッラーを信じることについて
4 ヌスラット＊と預言者ムハンマドについて
5 ナシーム＊と五柱について
6 日課
7 礼拝（サラート）
8 祈り（ドゥアー）
9 モスク
10 金曜日の礼拝
11 クルアーンの読誦——ナシーム
12 クルアーンの勉強——シャジア
13 ムスリムになるための学び——ヌスラット
14 ハーフィズになるための訓練——カムラン
15 家族、責任、親戚
16 学校と教育
17 友と敵
18 ルーツ、言語、アイデンティティ
19 影響と意思決定
20 勉強と遊び
21 将来について考える
22 結婚
23 食物
24 断食と断食明けの祭
25 三つの聖地
26 メッカ巡礼と巡礼後の祭
27 喜捨
28 恐れと不安
29 死後の世界
30 よい人生

ウォリック大学宗教教育研究所編，中学生用宗教科教科書「宗教を解釈する」シリーズの『ヒンドゥー教徒たち』『キリスト教徒たち』『イスラム教徒たち』．
ヒンドゥー教の巻の主人公は，インド・グジャラート地方出身の家族の子どもたち(左ページ上)．イスラムの巻は，パキスタン出身の家族の子どもたち(左ページ中)．キリスト教の巻は，英国国教会，フレンド派(クエーカー派)，ギリシャ正教，コヴェントリー・クリスチャン・フェローシップ(福音派系)の四教派の子どもたちである(左ページ下)．キリスト教，イスラムと一般化せずに，どの派，どの地域伝統を継ぐ信者かを明記している．

図 1-1

ンや礼拝に対応する例であれば、聖書やイエスへの祈りの重要性など)ではなく、むしろまず非宗教的な対応物(動物保護運動や静かに音楽を聴くことなど)が例としてあげられている単元が多い。これはイギリスでは現在、家は先祖代々クリスチャンであっても、週に一回、教会に

通うような生徒はどちらかといえば少数派だという実情を踏まえたものであろう。異教徒間だけでなく、特定の宗教をもつ者ともたぬ者の間の学びあいをも想定しているということである。

日本の倫理教科書は、教科書自体が三大宗教の開祖を讃えているかにみえるが、この教科書は、あくまで主人公たちがムハンマドやイエスを讃える姿を描いている。つまり、崇拝対象としての示し方が間接的であるため、開祖たちに対する批判めいたことが書かれていなくても、教科書自体が開祖たちを崇める形にはなっていない。信仰のある子どもたちを模範として示しているわけでもない。影響を受けて教会に通いだす子どももひょっとしたらいるかもしれないが、少なくとも教科書は「見習え」調をとらず、自分とは違う生き方をしている隣人をみて、人生に対する理解を深めようと呼びかけるのみである。宗教的信仰をもたない自由も尊重しているのである。

自ら考えるための宗教科教科書

ウォリック大学制作の教科書は、人類学・社会学的発想によるものだが、同じイギリスに、より哲学的・倫理学的発想の教科書もある。たとえば、オックスフォード大学出版局から出ているクリス・ライト『宗教を通して考える――神と道徳』(*Thinking through Religion, God and Morality*)という中学生用教科書がある。公立校でも使われるふつうの教科書である。

前半は神の存在証明をめぐる内容で、日本なら大学の宗教哲学入門並みのレベルであり、しかも抽象的に論じるのではなく今日的な問題にひきつけて考えさせるスタイルをとっている。後半では、中絶、性、差別、貧困、戦争、環境という倫理的問題が取り上げられている。たとえば「性・結婚・離婚」の章は、現在のイギリスにおける結婚や離婚の現状把握や、結婚、同棲、核家族といった言葉の理解、人種・民族間結婚に対する意識調査の紹介などから始まり、国内の主要六宗教(仏教、キリスト教、ヒンドゥー教、イスラム、ユダヤ教、シーク教)では結婚や離婚をどのようにとらえてきたかの説明に続いている。

タイトルに「道徳」という言葉は使われているが、「結婚は大切だ」「離婚や一〇代の性交渉はいけない」と一方的に説くのではなく、生徒に各問題についてさまざまな意見があることを学ばせ、自分の考えを明確化させていく。章末の模擬試験問題も、

1　「同棲」という言葉を説明せよ。(1点)
　同棲が増加しているのはなぜかを説明せよ。(4点)
2　宗教を一つ選び、婚外交渉について、その宗教ではどのように教えているかを説明せよ。(3点)
　その宗教では、結婚や家族生活に対して、どのような重要性が与えられているかを説明

せよ。(6点)

3 「離婚の増加は、結婚が時代後れであることを示している」という意見に賛成か反対かを理由をつけて述べよ。答えるうえで、この問題に対する複数の見方を検討したことを明示すること。(6点)

(*Thinking through Religion, God and Morality*)

というように、あくまで論理的に考え、表現することを重視している。

この教科書の著者は、本来の専門は旧約聖書学であり、牧師でもあるので、その立場からは「キリスト教は他宗教よりもこのような点で優れている」と論じる本も出版している。だが、公立校でも使用されるこのような教科書では、「あなたもイエスに学びなさい」「イエスの教えを現代に活かしていきましょう」などとはいわない。六宗教の並べ方もアルファベット順である。「キリスト教徒が一番人口も多いし、イギリスの伝統なのだから、キリスト教を最初にもっていく」という発想ではない。国教制を続けるイギリスの宗教科教科書のほうが、日本の倫理教科書よりよほど政教分離的なのである。

宗派教育の国では

イギリスの「宗教」の授業が脱・宗派教育化しているのに対し、宗派教育色の強い教育を公教育で行っている国々もある。たとえばドイツの公立校にも宗教科の必修授業があるが、イギリスと違うのは、宗派ごと(プロテスタント、カトリック、イスラムなど)に分かれて行われる点である。つまり、宗派ごとに授業がなされ、教科書も各宗派専用のものを使う(旧東ドイツ地域など、州によってはイギリス的な融合型も存在する)。だが、普通に使われる教科書が、「プロテスタントが諸宗教の中で最高だ」「キリスト教の教えには東洋にない、すぐれた考え方がある」などと説くことは、一〇冊ほど調べた限りではない。また、宗派ごとの授業といっても、現在では、他宗教に対する理解を促進する内容をもり込んでいる。

非西洋圏の国から例をあげれば、トルコやタイは、どちらも国教制ではないが、宗派教育的な宗教科の授業が公立校でも必修である。トルコでは国民の圧倒的多数がイスラム教徒、タイでは仏教徒である。トルコの国民教育省が発行している『宗教文化と道徳』の教科書はイスラム中心の内容である。タイで多く使われている宗教科教科書は、『仏教』というタイトルで、内容も仏教の信仰を深めるためのものである。

だが重要なのは、これらトルコやタイの宗教科の履修は、すべての宗教の信者に一様に課されるのではないということである。トルコのイスラム中心の授業は、非イスラム教徒は受けなくてよいのである。タイでも仏教徒と非仏教徒は分かれて宗教の授業を受けるため、仏教教科書は非仏教徒には強制されない。現実問題として、学校内の非仏教徒があまりに少ない場合は、別に授業を設けることは難しく、その点は不公平ではある。しかし、トルコでもタイでも、少なくとも法律上は、その国の宗教的マイノリティにも宗教教育上の自由が保障されているのである。つまり、どちらの国でも、自分のものとは異なる宗教を一方的に「お薦め」する教科書で、勉強しなくてはならないという状態ではない。

それに対して日本の倫理の科目は、学校によっては公立でも必修である。もし信仰上の理由で受けたくなければ、学校にかけ合うことはできるし、学校が譲らなければ訴訟に持ち込むことも許されている(体育(剣道)の授業を信仰に反するという理由で拒否した生徒に対し、それを信教の自由の範囲として認めた最高裁判決がある(一九九六年、神戸高専事件判決))。だが、トルコやタイでは、あらかじめ法律の中に宗教科の授業を選ぶ(選ばない)権利が組み込まれているのである。

このように諸外国の状況をみればみるほど、日本の倫理教科書は政教分離の国のものとは思えなくなってくる。では、いったいなぜ日本の倫理教科書は宗派教育的なのだろうか。

2章 なぜ宗派教育的なのか

日本の倫理教科書に、なぜ宗派教育的な記述があるのかという問題には、倫理の科目に特有の原因と、日本の教科書に共通する原因とがある。まず前者から述べる。

「先哲に学ぶ」スタイル

学習指導要領では、「倫理」の内容として、「青年期の課題と自己形成」「人間としての自覚」「国際社会に生きる日本人としての自覚」「現代の特質と倫理的課題」「現代に生きる人間の倫理」「現代の諸課題と倫理」の六項目があがっていることにはすでに触れた。A〜F社の教科書はみな、「青年期の課題と自己形成」に対応する最初の章では心理学的な内容を扱い、「現代の諸課題と倫理」に対応する最後の章では生命倫理や環境倫理などについて、テーマ学習的に整理している。それらにはさまれた部分、分量でいえばどの教科書でも全体の約四分の三をしめる部分は、一言でいえば哲学史・思想史の形式をとっている。「人間としての自覚」にあたる章は、どの教科書も、三大宗教に先立ち、ソクラテスやプラトンといった古代ギリシャ哲学から始まっている。

こういった哲学史的な内容をなぜ教えるのかについての、学習指導要領の説明はこうである。

自己の生きる課題とのかかわりにおいて、……先哲の基本的な考え方を手掛かりとして、人間の存在や価値について思索を深めさせる。

ここからわかるのは、倫理の科目では、イエスやブッダは、ソクラテスやプラトンのような哲学者に類する存在として扱われているということである。だから教科書自体がイエスやブッダを讃え、その教えを「お薦め」するような書き方になってしまうのである。

どういうことかといえば、今の日本の高校生に、なぜギリシャ哲学をはじめとする過去の哲学を勉強する必要があるのかを納得してもらうには、それはソクラテスやプラトンが〝偉大〟だから、学ぶに値するからというしかないと、少なくとも文科省、教科書会社、教育界は考えてきたのだろう。そしてまた、彼らの哲学を源流とする西洋思想は、自分たちの社会にも影響を与えているから、教養として知っておくべきだと。

これと同じスタイルでイエスやブッダについても語るために、イギリスの宗教科の教科書などとは大きな違いが出てくるのである。言い換えれば、教科書の見出しは「キリスト教」や「仏教」だが、宗教そのものについて理解を深めるというよりも、あくまで「先哲に学ぶ」一環としてイエスやブッダの思想が紹介されているのである。

宗教そのものを知るというのが目的であれば、公教育は宗教を正当化するのではなく、その問題面も含め、客観的に記述すべきだという意見が優勢になるだろう。だが、哲学史の概説書で、ソクラテスやプラトンを批判しているものはどのくらいあるだろうか。彼らの時代的限界に触れるようなことはままあっても、ふつうは、彼らの思想がいかに画期的であり、それがいかに後世に多大な影響を与えたかを説くだろう。この哲学史の記述スタイルをそのまま適用するならば、キリスト教についても仏教についても「すばらしい教えである」とする以外に書きようがなくなってしまう。

同じく、目的は異文化理解や多文化共生でなく、自分たちに影響を与えてきた思想の伝統を知るということなので、イスラムは二の次になる。教科書ではイスラムの節は仏教やキリスト教の四分の一、多くて二分の一の分量しかあてがわれていない。実は、そもそも学習指導要領には「イスラム」の言葉すら出てこない(新学習指導要領に至ってやっと登場する)。キリスト教についてはこういったことを理解させよ、仏教についてはこういったことを、とあるだけである。教科書会社が自主的に、イスラムの節をキリスト教と仏教の間に挿入しているのである。だがどの教科書でも補足的なものにとどまり、ムハンマドは「学ぶべき先哲」という扱いを受けておらず、かえって三大宗教に対して教科書が勝手に軽重をつけているようにみえてしまっている。

宗教を哲学と同じように扱うことによるもう一つの弊害は、イエスやブッダに関することを、基本的に歴史的〝事実〟として記述していることだ。「イエスはこうした」「ブッダにこういうことが起こった」「イエスはこう語った」「ブッダはこう説いた」といった文体なのである。プラトンなどの哲学者について語るときには、偽書ではないかと疑われている場合を除き、プラトンは『国家』の著者であり、『国家』にはこう記されているから、それは彼の思想だと、「事実」調で書くのが普通である。だから、教科書の記述が、プラトンやアリストテレスの思想からイエスやブッダの思想に移ったときに、突然「イエスは／ブッダはこう語ったと信じられている」という文体に直すと違和感があるということもあるのだろう。だが、公立校で使う教科書であれば、「クリスチャンは、イエスはこのときこう語ったと信じてきた」と書くべきではないだろうか。

実は、倫理ばかりでなく歴史教科書にもこの問題はみられる。代表的なG社の『詳説 世界史B』の語り口は、「イエスは……を批判し、……を説き、……を約束した」「ガウタマ〈ブッダ〉は、……を重視し、……を説いた」である。他社の教科書も同様である。さすがにイエスの復活は事実として語っておらず、「復活したと信じられた」という表現になっているのだが。

外国ではどうかといえば、たとえばフランスでよく使用されているアティエ社の歴史教科書は、この点に関してはるかに慎重である。コレージュ第六学年（小学六年生）用であっても、ユダヤ・キリスト教の歴史的説明の前に次のようなただし書きがついている。

聖書は歴史的事実と伝説や信仰が混ざった宗教書であり、考古学的資料によって確認できる部分もあるとしても、信頼のおける歴史資料とみなすことはできない。そのため、そこで語られている内容は慎重に扱わなければならない。

（『世界の宗教教科書』h3　寺戸淳子訳）

日本では、高校生用の教科書でも、「イエスの言動は『新約聖書』のなかの福音書にしるされている」（A社）、「イエスの言行は『新約聖書』の中の福音書にしるされている」（B社）、「新約聖書に、イエスのつぎのような言動の記録がある」（F社）とあるのみだ。これでは聖書の記述をそのまま受け取れといっているようなものである。

学ぶ意義の示し方

他方、宗教・哲学の別に関係なく、文科省が定める「倫理」という科目の性格に由来する原因もある。学習指導要領解説をみると、同じ公民科の「現代社会」や「政治・経済」に比べ、

「倫理」について強調されているのは、「単なる知識として学ばせてはいけない」という指示である。

「人生における哲学、宗教、芸術のもつ意義など」については、まず、生徒一人一人のもつ生き方にかかわる課題が、多くの先哲によって真剣に探究されてきた課題に通じており、その課題解決のために哲学や宗教や芸術が誕生してきたことに気付かせ、人生にもつこれらの意義について理解させる。そこから、哲学や宗教や芸術が何を問い、どのような答えを見いだしてきたかを、生徒自身の課題と重ね合わせて考えさせ、これらを手掛かりにして思索を深めさせる。哲学や宗教や芸術を、単なる知識の集積として学ばせるのでなく、人間としての在り方生き方を考える素材として、「人間としての自覚」を深める契機となるようにするのである。　（傍点筆者）

単なる知識としてではないなら、では何として学ばせるのかというと、この引用にあるように、生徒自身の人生の課題と結びつけさせることが求められている。ギリシャ哲学やイエス、ブッダの説いたことを、過去のものではなく、自分の生きる手掛かりとなるように学べということである。

新学習指導要領解説ではこの「単なる知識として学ばせてはいけない」というフレーズは、くどいほど繰り返し繰り返し出てくる。これは「倫理」に限った指示である。それだけでなく、新指導要領解説では、この単なる知識ではない何かの部分を、改めて「道徳教育」という一語で指し示し、強調したのは前述したとおりである。

「道徳教育」という言葉には、教科書会社も、そしておそらく教育現場も少なからず驚かされただろう。だが、筆者がかかわる出版社によれば、生徒に「学ぶことの意義を示したい」といった要望は教員側にもあるようだ。教科書が知識面で詳しければ詳しいほど、生徒たちは「で、結局なんなの？ これを知ってなんのためになるの？」となるのだろう。教員側も、過去の哲学・宗教思想を、単に入試に出るからとの理由で理解・暗記させるのではなく、現代人にとっても意味があるのだと積極的に意義づけをしたがっているということである。

しかし、その気持ちが現行の教科書では、「環境を守るべき現代人には、仏教がお薦めです」「イエスの愛の教えはこれからも生き続けるでしょう」といった、一方的な価値判断として表れている。学ぶ意義を示そうとすると、ストレートにお説教的というのか、宗派教育的表現になってしまうのである。

実は、こうした「学ぶことの意義」の表現に関しては、学習指導要領解説のほうが、教科書本文より婉曲的である。キリスト教・仏教の部分は次のようになっている。

「キリスト教」では、イエスの言行などを適宜取り上げて、人間をどのようにとらえ、どのように生きることを指し示しているかを理解させる。この観点から、神について考えたり、パウロの原罪の思想に見られるキリスト教の人間観について、自己の課題と重ね合わせて考えさせることもできる。そこから、神の愛や隣人愛について自己の課題と結びつけて考えさせ、人間としてのよりよい生き方について思索を深めさせる。

「仏教」では、仏陀の言行を適宜取り上げ、仏教が人間をどのようにとらえているか、どう生きることを目指しているかについて、自己の課題と重ね合わせて考えさせる。例えば、縁起や業《ごう》の思想を取り上げて人生における不安や苦がいかにして生まれるか、その苦はいかにして克服しうるかという課題や、生命あるものすべてに対する慈悲の教えについて、自己の課題と重ね合わせて考えさせる。これによって、生命の深遠さや人間としてどう生きればよいかについて思索を深めさせる。

このように、「自己の課題と重ね合わせて考えさせる」という表現で一貫しており、キリスト教の神観・人間観や仏教の生命観を、自分にとっても大切なものとして受け入れさせよ、という指示ではない。とすると、倫理教科書が宗派教育調になってしまうのには、次にみるように、現行教科書のスタイルにも原因があり、それが「自ら考えさせる」教育を実現するうえで障害になっていることがわかってくる。

「正解を与える」スタイル

日本の教科書が、教科を問わず、生徒に考えさせるよりも「正解を与える」スタイルをとっているというのはよく指摘される。多様な解釈がある事がらについても、そのうち一つのみを示すのが普通だということである。数学などならまだしも、倫理教科書が「正解ありき」調であるなら、他教科よりもさらに押しつけがましくなる。キリスト教の神観・人間観や仏教の生命観について、一つの解釈のみを示すだけでなく、それらがよいものであることを前提とし、それらはあなたにとっても有益だ、と説くのだから。この場合、「生徒に考えさせる」といっても、自分の意見を述べさせるというより、模範たるキリスト教の隣人愛や仏教の慈悲の思想に照らして、自分の言動の悪いところを反省させるような教育になる。このため、日曜学校か何かの宗派教育のようになるのである。

厳密にいえば、分類上は宗派教育に属する、宗教系私立校での宗教科の授業(たとえばミッションスクールの「聖書」や「キリスト教倫理」の授業)でも、教師が特定の価値を一方的に植えつけるのではなく、生徒に主体的に考えさせる教育方法は可能である。比較のために、公教育でも宗派教育を行っている、ドイツの宗教科の教科書から例をあげよう。

前述のように、ドイツでは宗教科の授業は宗派ごとに分かれているため、教科書も別々になっている。また、州の分権度が高く、全国共通の教科書はない。ブランデンブルク州などいくつかの州で使われているプロテスタントの教科書『宗教——発見・理解・形成』(第七・八学年用。日本の中学生程度。*Religion entdecken-verstehen-gestalten 7/8*)を開いてみると、「隣人愛」の章から始まるのだが、日本の教科書と大きく違うのは、何よりも執筆者の書いた本文がなかなか出てこないことである。本文がないなら何があるのかといえば、引用の連続である。

最初のページは絵画、しかもタイトルもついていない抽象的な絵である(トーマス・ザカリアスの一九六六年の作品)。次のページはD・J・パーネルによる詩「彼のそばを通り過ぎなさい」。次は「ルカによる福音書」からの引用(善きサマリア人の部分)。そして再びタイトルのない絵画。童話作家ウルズラ・ヴェルフェルによる「マニーのサンダル」の物語。障害者福祉の町「ベテル」の基礎をつくった人物の生涯を紹介する説明文(教科書執筆者が書いたのではなく、学者によるものの引用(図2-1))。「豊かなハンブルクの貧しい給食」というエッセー。「世界にパンを」というスローガンのポスター。

このようにさまざまな媒体からの引用が、教科書執筆者による紹介も説明も一切なく並べられ、やっと一九ページ目に執筆者の書いた文章が現れる。だが、それとても本文らしいもので

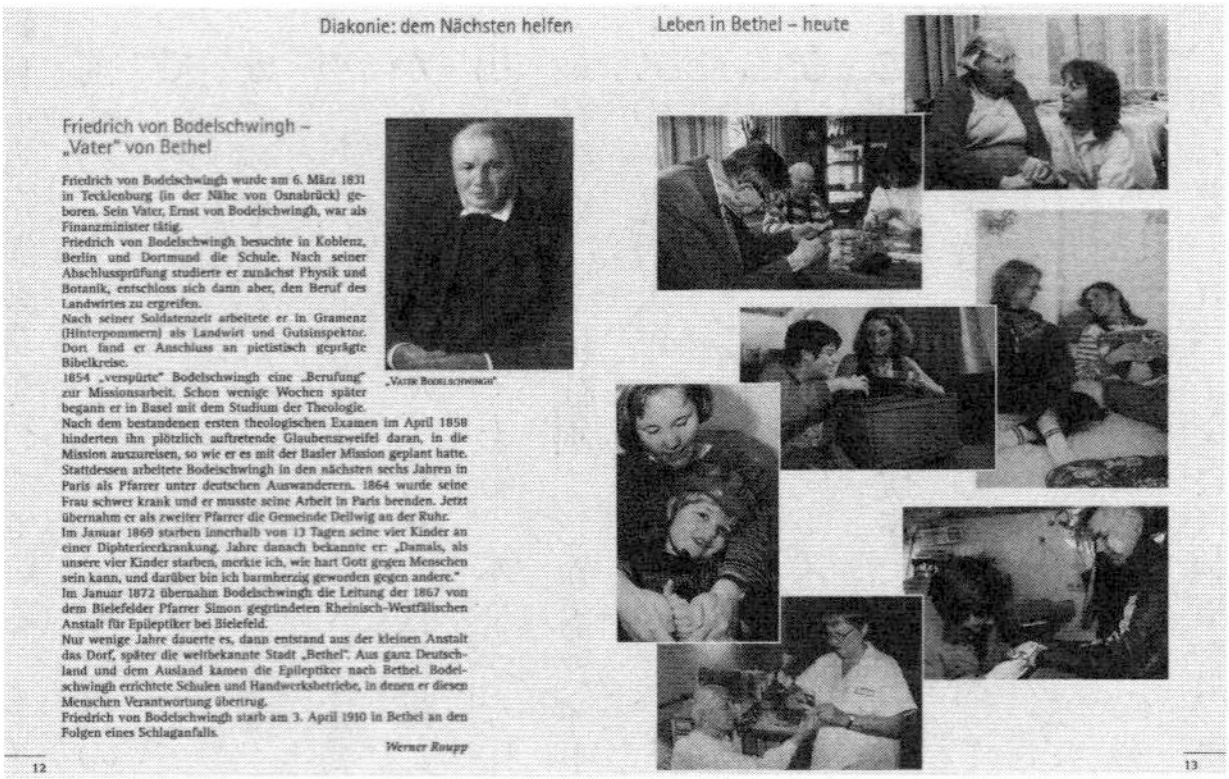
Diakonie: dem Nächsten helfen

Leben in Bethel – heute

Friedrich von Bodelschwingh – „Vater" von Bethel

Friedrich von Bodelschwingh wurde am 6. März 1831 in Tecklenburg (in der Nähe von Osnabrück) geboren. Sein Vater, Ernst von Bodelschwingh, war als Finanzminister tätig.
Friedrich von Bodelschwingh besuchte in Koblenz, Berlin und Dortmund die Schule. Nach seiner Abschlussprüfung studierte er zunächst Physik und Botanik, entschloss sich dann aber, den Beruf des Landwirtes zu ergreifen.
Nach seiner Soldatenzeit arbeitete er in Gramenz (Hinterpommern) als Landwirt und Gutsinspektor. Dort fand er Anschluss an pietistisch geprägte Bibelkreise.
1854 „verspürte" Bodelschwingh eine „Berufung" zur Missionsarbeit. Schon wenige Wochen später begann er in Basel mit dem Studium der Theologie.
Nach dem bestandenen ersten theologischen Examen im April 1858 hinderten ihn plötzlich auftretende Glaubenszweifel daran, in die Mission auszureisen, so wie er es mit der Basler Mission geplant hatte. Stattdessen arbeitete Bodelschwingh in den nächsten sechs Jahren in Paris als Pfarrer unter deutschen Auswanderern. 1864 wurde seine Frau schwer krank und er musste seine Arbeit in Paris beenden. Jetzt übernahm er als zweiter Pfarrer die Gemeinde Dellwig an der Ruhr.
Im Januar 1869 starben innerhalb von 13 Tagen seine vier Kinder an einer Diphterieerkrankung. Jahre danach bekannte er: „Damals, als unsere vier Kinder starben, merkte ich, wie hart Gott gegen Menschen sein kann, und darüber bin ich barmherzig geworden gegen andere."
Im Januar 1872 übernahm Bodelschwingh die Leitung der 1867 von dem Bielefelder Pfarrer Simon gegründeten Rheinisch-Westfälischen Anstalt für Epileptiker bei Bielefeld.
Nur wenige Jahre dauerte es, dann entstand aus der kleinen Anstalt das Dorf, später die weltbekannte Stadt „Bethel". Aus ganz Deutschland und dem Ausland kamen die Epileptiker nach Bethel. Bodelschwingh errichtete Schulen und Handwerksbetriebe, in denen er diesen Menschen Verantwortung übertrug.
Friedrich von Bodelschwingh starb am 3. April 1910 in Bethel an den Folgen eines Schlaganfalls.

Werner Roupp

„Vater Bodelschwingh"

12

13

福祉の町「ベテル」の基礎を築いたボーデルシュヴィンクと現在のベテルの様子．ドイツ・ブランデンブルク州などで使われるプロテスタントの教科書『宗教――発見・理解・形成』より．

図 2-1

はなく、クラスで取り組むことの提案を断片的に列挙しただけである。「あなたの地元の社会奉仕活動のリーダーを調べてみよう」「社会奉仕活動施設を訪問してみよう」といったものである。

二〇ページ目にはじめて、教科書執筆者によるまとまった文章が登場する。この章の「まとめ」としてである。隣人愛はイエスの宣教の中心的命題であることや、今日、教会による社会奉仕活動にはどのようなものがあるか（ベテルの町など、その前までに引用してきた諸例の総括）が簡潔に述べられている。そして、最後の段落は次のように結ばれている。「誰がいま現在隣人として私たちを必要としているのかという問いが、私たちに日々新たに突きつけられているのです」。

教科書がこういった構成になっているのは、授業が絵画やエッセーをもとにした生徒間のディスカッションを中心に進められるためである。教科書は素材提供に徹し、正解を示すこともないし、ディスカッションを特定の方向に誘導するような問いかけもしない。日本でいえば倫理教科書よりも道徳の副読本や資料集に似ているが、この教科書は各題材の最後に「問い」も何もつけず、受け取る側の自由をより尊重している。

もう一つ、ドイツの宗教科教科書の例を出そう。保守的とされるバイエルン州のカトリック用教科書『しるし——生きること、信じること、学ぶこと』(第九学年用。*Kennzeichen* C9)である。こちらは、引用を並べるだけでなく、リード、問いかけの文といった〝地〟の文章も多い。しかし、この教科書も、模範を示して反省させるというより、生徒に主体的に考えさせている。たとえば「善とは何か——悪とは何か?」という章をみると、何が善で何が悪かについての正解を教科書が示すのではなく、生徒一人一人に、自分は何を基準に善悪を判断しているのか、その基準は妥当なのかを、手を替え品を替え考えさせている。

章の冒頭の例は、麻薬取引で捕まったが、他のディーラー逮捕の捜査に協力をしたため、量刑が軽減された男性についてである。これに関して教科書は次のように問うている。

アウクスブルクのある学校のクラスでこの公判に関する検討がなされ、そこで生徒たちから様々な意見が出ました。この起訴に関してあるグループは、他の取引商たちを捕らえるためとはいえ、彼の行為〔捜査協力〕はとてもほめられたものではないと考えました。それに対して他のあるグループは、そのような犯罪者を逮捕するためには、彼の行為は方法として適切であったと考えました。しかし同じ事柄が、なぜこのように異なる評価につながったのでしょう?

（『世界の宗教教科書』e2　山野貴彦訳）

こういった、故意に判断が分かれる事例を出し、「あなたは賛成か反対か」を問うよりも、これについて意見が分かれたのは、それぞれ何を根拠に判断したためかを自分で考えさせ、説明させるのである。このような保守的な宗教科教科書ですら、「麻薬はＮＯ」で終わり、というようなつくりにはなっていない。

「宗教」は不在という矛盾

教科書の中でも倫理教科書がとくに宗派教育調になってしまうのには、以上のような原因が考えられるが、ここでもう一歩踏み込むなら、そのわりに「宗教」そのものは描かれていないというパラドクスがある。教科書は、宗教の中で現代日本人にウケやすいところ、とくに道徳を説くのに利用できるところばかりを切り取って、これが「○○教だ」と紹介しているのである。「倫理」を掲げる教科書である以上、宗教を倫理に関係づけて論じること自体には妥当性があるのだが、宗教への見方を限定してしまう形でそれが行われている。

それは言い方を変えれば、各宗教の思想以前に、「倫理教科書の思想」があり、教科書はその枠内でのみ諸宗教を語っているということだ。1章で引用したように、仏教思想については、今日の環境保護や生命尊重に役だつという点で価値があるとしている教科書が多いのは、これも先に引用したが、学習指導要領解説で、「生命あるものすべてに対する慈悲の教えについて、自己の課題と重ね合わせて考えさせる」ようにとの指示があるためである。キリスト教思想については、どの教科書でも最大・最頻出のキーワードは「愛」である。これも学習指導要領解説の、「神の愛や隣人愛について自己の課題と結びつけて考えさせ」よという指示を受けているが、この解説以上に教科書は「愛」を強調しており、キリスト教を一言で表すなら「愛の宗教」「愛の教え」だという書き方になっている。

この「倫理教科書の思想」は、道徳を強調する改正教育基本法では、「倫理」のみならずすべての科目の共通目標として次のように表現されるに至っている。

第二条（教育の目標）

四　生命を尊び、自然を大切にし、環境の保全に寄与する態度を養うこと。

旧基本法にはなかった文言であり、人間が独りよがりになって他人や動植物の命をおろそかにすることがないようにという道徳が強調されている。

仏教に不殺生戒《ふせっしょうかい》や慈悲の思想があることは事実だし、キリスト教に隣人愛の教えがあることも疑いの余地はない。しかし、倫理教科書は、宗教に関して、環境保護や生命尊重という価値に合う部分を強調しすぎており、これらがそれぞれの宗教の存在価値であるかのように描いている。

このような観点からキリスト教や仏教を語ることが、いかに自明でないか、いかに世界共通のことでないかは、外国人が外国人向けに書いた宗教入門書と比較するとよくわかる。たとえば邦訳が出ているアメリカのファクツ・オン・ファイル社刊「シリーズ世界の宗教」（もとは中学生向け）の『キリスト教』（Stephen F. Brown, *Christianity* (World Religions Series), Facts on File, 1991）の巻では、日本の倫理教科書の「キリスト教」の部分に対応する、イエスから原初キリスト教の内容は、次の見出しで構成されている。

2　キリスト教の起源
神に選ばれた民族
メシアなるイエス
イエス――新しい律法の授与者
イエス――苦難のしもべ
イエスの復活
初期のキリスト教の教会
異邦人に伝えられた福音

（S・F・ブラウン『キリスト教』秦剛平訳、青土社、一九九四年）

ご覧のように、「愛」の語は一つも出てこない。この本は、この章の前後に六つの章があり、それぞれが細かく節に分かれているが、「愛」という言葉は、章の見出しにも節の見出しにも実に一度も出てこないのである。もちろん、本文中には「愛」の言葉は登場する（とくに邦訳の四一ページには隣人愛の説明がある）。だが、見出しにこの語が出ないというのは、日本の教科書との違いとして注目に値する。

あるいは、インターネットの検索サイト、グーグルで“What is Christianity?”と入れてまず出てくる、Christian Apologetics and Research Ministry（キリスト教の護教と研究のための司牧組織）という団体（保守派に属するプロテスタントだが、異端視されている団体ではない。むしろ現在のアメリカのプロテスタントでは多数派といってよい）のホームページも良い例である。六〇二語を費やして、「キリスト教とは何か」を初心者向けに説明しているのだが、その中に"love"という語は皆無である。最後にはまとめとして「『キリスト教とは何か』に対する最良の答えは、「イエスの人格を通しての、真なる生ける神との関係である。イエスによってわれわれは罪を赦され、神の義の裁きから逃れることができる」のである」と記されている。「愛」ではなく「裁き」の語が出ているのだ。これは、宗教としてキリスト教をとらえる場合、隣人愛という対人倫理よりも、救済の問題が先にくるからである。

それに対して、日本の倫理教科書の対応箇所には次のような見出しが並んでいる。

第1節　キリスト教——愛の宗教
1　ユダヤ教
キリスト教の母胎
メシア思想
2　イエスの思想

イエスの教え
神の愛　アガペー
キリスト教の誕生
……

（『高等学校　新倫理　改訂版』）

第2節　キリスト教――愛の教え
1　旧約聖書
神との契約
神の民にふさわしい生き方
神と民族の歴史
2　イエス
イエスの教え
神の愛
神の愛と隣人愛
3　キリスト教の誕生と展開
イエスの死とキリスト教の誕生

イエスの贖罪の死
パウロとキリスト教の三元徳
……
（『高校倫理』）

2　ありのままを愛する神——キリスト教
罪の自覚と神の愛
十字架とキリスト信仰
神の前の自己
（『倫理——現在を未来につなげる』）

これでもかというほどの「愛」の連続である。

仏教については、先に紹介した、タイの中学三年生用の仏教教科書をみてみよう。仏教の内容だけで一八四ページにのぼる教科書だが、「自然」という言葉は、「自然に手をあげる」という意味の「自然」を含め、四カ所に出てくるのみであり、そのうち自然環境という意味で使われているのは次の一カ所だけである。

〔仏誕節をはじめとする仏教の主要な祭礼において行うこととして〕

1　朝、寺や家において僧侶へ食施供養を行ない、功徳を積む。
2　五戒や八戒を遵守する。
3　鳥や魚など諸動物を自然の世界に解放する。
4　飲酒を慎み、賭け事その他の悪事を避ける。また一部の娯楽施設は、釈尊への供養儀礼としての寄進を行なうために、協力して営業を控える。
（『世界の宗教教科書』d1　矢野秀武訳、傍点筆者）

3はいわゆる放生会《ほうじょうえ》のことである。しかも、訳者の矢野秀武氏に確認したところ、この「自然」の語はわかりやすくするため補ったものであり、原文には存在しないとわかった。

また、「生き物」という言葉も、瞑想（精神集中・三昧《さんまい》）のあとに、次の「慈しみの言葉」（「慈しみ」とは慈悲の「慈」に当たる言葉）を唱えなさいという文脈で出てくるのみである。

すべての生き物は生老病死といった苦を友としている。
すべての生き物が幸福であり、互いに怨みを持ちませんように。
すべての生き物が幸福であり、互いに傷つけあいませんように。
すべての生き物が心身ともに幸福であり、全ての苦しみから逃れますように。
（同右）

一見、日本の教科書にある、「慈悲の心で、すべての生物を大切にしよう」という思想に似ているが、こちらは人間が生物を保護することというより、生物間の相互関係としてとらえている。

「命を大切に」という思想があるかも調べた。「生命」ないし「命」の語は三〇カ所にあるが、「命を大切に」という教訓が出てくるのは「放逸は死の道なり」というフレーズの説明においてのみである。これは仏教格言の一つで、放逸とは注意力散漫な状態のことであり、そういう状態だと思わぬ事故を起こすから気をつけよという話である。

放逸は死の道なりという言葉は、放逸は死をもたらすという意味である。まだ亡くなるような年齢でもないのに、注意力が散漫な状態で車の速度を出しすぎて、事故を起こすような場合のことである。人や家に衝突する事故を起こせば、他の人に怪我をさせたりその人の命を奪ったり、自分も命を落としたりする。

(同右)

やはり、日本の生命倫理教育(「いのちの教育」)とはだいぶ発想が異なる。

この教科書全体としてのキーワードは、「文明」と「平安」である。つまり、文明と社会的安定をもたらし、タイ国を発展させるのが仏教の役割だという認識なのである。これに対して、日本の倫理教科書は、一言でいえば仏教をカウンターカルチャーとして位置づけている。社会が発展しすぎて環境破壊が起こったので、今こそ仏教が必要だといわんばかりなのである。

細かく見ていけば、この教科書も最終章では環境保護に触れている。近年の話題として、タイの充足経済と仏教を関係づけている箇所である。「充足経済」は、一九九七年にラーマ九世（プミポン国王）が使用した言葉で、これからの時代、タイは経済発展至上主義ではなく、ほどほどでいこうという意味のスローガンである。この文脈ではじめて、「環境破壊の阻止を心がける」というフレーズが一度出てくる。ただしそれは、仏教思想の中でも不殺生や慈悲ではなく、中道の概念と結びつけられ、語られている。適度な発展を目指し、天然資源の枯渇を防ごうというのである。

以上のような違いがあるとなると、外国からは、日本の倫理教科書でのキリスト教や仏教の説明は、ずいぶん偏っているようにみえるだろう。もっとも、これについて文科省は、半ば〝確信犯〟である。学習指導要領解説には次の指示がある。学習指導要領に「ギリシアの思想、キリスト教、仏教、儒教などの基本的な考え方を代表する先哲の思想、芸術家とその作品を、観点を明確にして取り上げるなど工夫すること」とあるのを受け、「観点を明確にする」の意味するところについて解説している箇所である。

「基本的な考え方を代表する先哲の思想」を「観点を明確にして取り上げる」とあるように、それぞれの思想を網羅的に取り上げたり、思想史上の問題に細かく立ち入ったりしないように留意し、生徒が自らの課題について考える素材となるよう、観点を明確にして取り上げることが大切である。

すなわち、文科省ははなから、仏教やキリスト教を全体的に説明することなど求めていないのである。「観点を明確に」とは、「生命を尊び、自然を大切にし」といった特定の倫理にしぼって、それに合うところだけを理解させればよいということであろう。

この方針は新学習指導要領とその解説でも、踏襲・強化されている。網羅的にではなく「倫理的観点を明確にして」教えよとの指示である。学習指導要領解説によれば、この指示の意図は(少なくとも表向きには)、網羅的とは衒学的になることであり、学者の自己満足に陥って生徒たちにとってつまらない内容になるのは避けよというものであろう。だが問題は、宗教を眺めるときの「倫理的観点」という〝眼鏡〟が、文科省が改正教育基本法で掲げるような、現代の世俗社会の価値観によってつくられていることである。つまるところ、倫理の科目は、宗教そのものを理解する場ではなく、道徳教育のために宗教を題材として利用する場になっている。

宗教教育と道徳教育

となれば、問うべきは、これは倫理の教科書であり、しかもその目的は道徳教育なのだから、宗教自体を説明しなくてもよいのだと開きなおってよいかどうかである。筆者はこれには、大きな問題が二つあると考える。一つは、多くの人は、そのバイアスに気づいておらず、教科書に書かれているキリスト教や仏教の記述は、各宗教のもっとも基礎的な説明だと思い込んでいるのではないかということ。もう一つは、宗教から道徳を取り出しているのが文科省(学習指導要領)であり、それは信者にとっての宗教道徳と必ずしも同じではないのだが、そのことも認知されていないことである。

一点目については、比較によい事例として、『水からの伝言』(江本勝編著、波動教育社、一九九九年)を道徳教育の教材に使うことに関する論争がある。水にやさしい言葉をかけるときれいな結晶ができ、きたない言葉をかけるとそうならないということを写真つきで説明した本である。これを教材として使うことに反対する人は、道徳の授業といえども、非科学的なことを生徒たちに教えるのは教育上よくないという。逆に、賛成する人は、道徳の授業なのだから、それが科学的かどうかは気にしなくてよい、「やさしい言葉を使おう」というメッセージが生徒たちに伝わればよいのだという(ほかに、賛成者の中には、この結晶の話は事実であり、近代科学のほうが誤っているという意見もある)。

倫理教科書についても、この賛成者の意見のように道徳教育なのだから、宗教がどう描かれていようが構わないのだといえるだろうか。『水からの伝言』論争との違いは、結晶の話には、一般読者でも、科学か非科学かの判断を出しやすいが、倫理教科書の宗教の記述は、専門家も「キリスト教入門、仏教入門のはず」とみなしがちだという点である。「キリスト教」「仏教」等の節タイトルがついている教科書の文章を前にして、誰もその説明が、宗教理解のうえで一面的なものだとは想像しないだろう。多くの人が、倫理教科書が示しているのは、宗教理解のスタンダードだと受け取っているだろう。文科省も、先に〝確信犯〟とは書いたが、それほど自覚的ではないのかもしれない。「宗教に関する一般的な教養」を尊重せよと改正教育基本法で謳っているように、宗教そのものに関する学習を増やそうともしているのだから、文科省自体も、倫理教科書の宗教の描き方が一面的だとは気づいていないのだろう。ましてや、出版社や執筆者側は、自分たちが道徳教育に宗教を利用したとは思っていなかったようだ(むしろ一部には、道徳の強制に抵抗していたつもりの人たちもいた)。ここに『水からの伝言』にはない問題の深刻さがある。

教科書業界も気づいていない証拠として、倫理以外の教科書でも、同じ傾向がみられることがあげられる。「現代社会」の教科書でも宗教はある程度、取り上げられているのだが、大体

	キリスト教	イスラーム(イスラム教)	仏教
開祖	イエス (救世主) 	ムハンマド (預言者) 	ゴータマ =ブッダ (ゴータマ =シッダッタ) 
聖典	旧約聖書，新約聖書	クルアーン(コーラン)	仏典(スッタニパータなど)
教え	神への愛，隣人愛	六信・五行，神への絶対的帰《き》依《え》，偶像崇拝《ぐうぞうすうはい》禁止	四諦《したい》説，縁起の法
愛	アガペー	隣人愛(喜捨《きしゃ》・もてなし)	慈悲

「世界三大宗教の比較」『高等学校 改訂版 現代社会』(2009年)より．

図 2-2

が倫理教科書にある宗教の説明のダイジェスト版という感じである。C社の教科書を見ると、一ページの中に「世界三大宗教の比較」を押し込み、表の形でまとめているのだが(図2-2)、その項目が「開祖」「聖典」「教え」、そして「愛」の四つである。「教え」のあとに、「儀礼」や「祭」、あるいは「宗派」でなく「愛」がくるのは、宗教の分類整理のしかたとして奇妙なのだが、倫理教科書での説明を要約した結果、こうなったのだろう。前述のとおり、倫理教科書は、どの出版社も、「キリスト教はアガペーの愛、仏教は慈悲」の対比を最前面に押し出しているからである(このC社の教科書は、イスラムもそれに強引に合わせて、愛の項目に「隣人愛(喜捨・もてなし)」と入れている。つまり、キリスト教は「アガペー」、イスラムは「隣人愛」、仏教は「慈悲」となっている)。

世界史の教科書もみな、イエスが何をしたかについては、「愛を説いた」で一致している。倫理教科書より各宗教の記述に割く分量が少ないため、いっそう強調されてみえる。たとえばG

社『改訂版 世界の歴史』(二〇〇八年)は、キリスト教を「前一世紀にパレスチナにあらわれた**イエス**は、神による愛はすべての人びとに平等にそそがれると説いた」と一言で説明している。

二点目は、とくに仏教に関して顕著に現れている。前述のように、教科書は仏教道徳(倫理)としては環境保護を強調している。だがそれは、日本の寺院で僧侶によって日常的に説かれる道徳とはだいぶずれるようである。筆者の前任校は仏教系大学で、寺で生まれて育った学生たち、つまり住職の後継者たちがいるのだが、彼らに仏教のポイントを説明してもらうと、よく出てくるのは「縁」という言葉である。その「縁」の語は、仏教哲学的な「縁起」概念(あらゆるものは実体をもたず、諸原因・条件により成立しているという存在論・認識論的概念)とはやや異なる。もっと日常道徳的で、人間は一人では生きられない、まわりの人たちのおかげで今の自分がある、それに感謝するのが仏教の心だという意味なのである。幼少のころから、僧侶である親からそう聞かされて育ったのだろう。

本来の仏教哲学からすれば、この「縁」の用法は「縁起」の拡大解釈であり、誤解といわないまでも正確ではない。したがって、教科書はこちらを採用すれば「正解」だということにもならない。だが、こういった信者たちにとっての道徳、いってみれば「生きた」仏教道徳とは関係なく教科書が示す〝お仕着せの仏教道徳〟とは何なのだろうか。そこを問う人は誰もおらず、教科書では官製の仏教道徳が幅をきかせたままというのは気にかかる。

教科書制作者も教育者もそこを問題視していないのは、おそらく環境保護が戦後教育界の主流に親和性の高い価値観だからではないだろうか。それに対して、「ひとさまのおかげを感謝する心」としての「縁起」概念の解釈は、どちらかといえば保守的、伝統道徳的である。もしこちらの解釈を教科書が採用するならば、「個を滅する思想だ」と危険視する人々が教育界から出る可能性がある。念のためにつけ加えれば、「おかげ」の思想も、範囲を人間から動物、植物に拡大すれば、自然保護の考えにつながる。また、教育界でも、最近はリベラリズムからコミュニタリアニズムへの移行がみられ、個人の自律だけでなく相互依存の倫理をポジティブにとらえる傾向が出ている。とはいっても、だいぶニュアンスは異なる。環境倫理に全く抵抗のない教育者の中に、「おかげ」の思想は反動的な宗教的情操教育だと拒否する人がいるかもしれない。

平和教育の枠内のキリスト教

この仏教の環境倫理的解釈と双璧をなす〝官製宗教道徳〟は、キリスト教の平和教育的解釈である。宗教的価値には、現代の世俗的価値に合う部分もあれば、合わない部分(宗教側からみれば、世俗的価値を超越する部分)もあるのだが、教科書では「戦争はNO」というのが不問の大前提になっている。このため、宗教も本来は戦争を否定するものであり、もし宗教者が宗教的理由を掲げて戦争を行うなら、それはあるべき姿からの逸脱にすぎないという説明がとられることになる。実例をあげれば、C社教科書のキリスト教部分の最後は次のように結ばれている。

キリスト教の人間観の特色の一つは、**人間の有限性**の深い自覚である。……

第二の特色は、愛の教えである。すでに学んだように、イエスは、当時の社会からしいたげられていた人々とともにあろうとした。これは、社会の支配的な見方にしたがって、人間を選別し評価する見方をしりぞけて、それぞれの人間を無条件に肯定するものである。他者に対する**無条件の愛**が、キリスト教の教えのもう一つの特色である。

長い歴史のなかで、キリスト教の名のもとに、多くの争いがおこなわれたことも事実である。このことは、自分に対してきびしく反省し、他者に対して分けへだてなく愛するというイエスの教えの実践が、いかに困難かを示している。だからこそ、聖書でのイエスの言動は、自分自身の生き方を問いなおすメッセージとなっているのである。

（『高等学校　改訂版　倫理』）

イエスはあらゆる人を無条件に肯定したから、他者を許さない戦争を行っては、それはもはやキリスト教とはいえないと明言されている。

だが、ことはそう単純ではない。キリスト教があらゆる人を無条件に肯定するなら、なぜ地獄という観念が存在するのだろうか。地獄信仰は、本来のキリスト教からの逸脱として切り捨てるには、あまりに長い間キリスト教の中に生き続けてきている。人間には、天国にいくに値する人と地獄にいくに値する人がいるとすれば、地獄にいくに値する人は、存命中に武力行使により成敗してもかまわないという理屈も当然出てくるだろう。そのような理屈を否定するなら、相当数の現実のキリスト教徒を、あなたは真のキリスト者ではないと断じることになってしまう。それなのに、宗教戦争など時代錯誤だ、ありえないことだとする現代の世俗的価値観から、教科書が勝手に「あるべきキリスト教像」を作り上げているのである。

誤解がないようにつけ加えれば、筆者自身は戦争を肯定しているわけでも、宗教的理由があれば人に危害を加えてよいと思っているわけでもない。ここで問題だといっているのは、公教育で使われる教科書が、宗教に関し意見が分かれる事がらについて、あまりに簡単に是非を断じていることである。教科書が自ら、本物のキリスト教と偽物のキリスト教を分けてしまっているわけだが、その権限はいったいどこから与えられたのだろうか。

そのうえ、教科書がキリスト教について「愛」という特徴ばかりを目立たせるのは、キリスト教の印象をよくする効果をもつかというと、必ずしもそうではないと考えられる。授業で学生に宗教に関して思うところを述べてもらうと、最近は本を比較的よく読むまじめな若者ほどキリスト教にマイナス・イメージをもっていることがある。それはまとめると、「キリスト教は独善的で差別的な侵略者宗教である。拡大の過程で、諸地域の土着の宗教を虐げていった。善と悪を厳格に分けようとする一神教の特徴が災いしている」という理解である。「ヨーロッパの妖精、小鬼、魔女たちは、本来は土着の宗教の神々だったが、キリスト教が広まる過程で、そのような存在に格下げされたのである」「アジアでは竜は水神として崇められているが、ヨーロッパではドラゴンはいつも悪役だ。これはキリスト教のせいだ」といった例がよくあげられる。実際、巷で売れている宗教書には、「東洋の宗教は寛容だが、一神教は不寛容で戦争ばかりして困りものだ」という論調のものがよくある。

そういった若者たちには、「キリスト教＝愛」で一点張りの教科書は、胡散《うさん》臭くみえるに違いない。学校の授業が道徳という面から宗教をプラスに評価すればするほど、それと相反する解釈のほうが若者たちには〝格好よく〟みえてきてしまうのである。

教科書が宗教の美しさだけを自己都合により切り取るほど、「実は本当のところは」という暴露話や陰謀説が勢いをもつ。それを考えれば、教育界のみならず、宗教界も安心してはいられないだろう。

公平を期せば、日本の教科書が宗教を手段化してきたとすれば、それは外国の教科書にしても多かれ少なかれそうである。イギリスの宗教科教科書は、国内の多文化共生のための手段として宗教理解を促している。だから、その観点から不都合なこと、たとえば植民地インドにおけるキリスト教宣教とヒンドゥー教の関係や、イギリスによるヒンドゥー／イスラム分割統治といった問題、すなわち現在のイギリス社会の統合を揺さぶるような問題には触れない（念のため中学までの歴史教科書も調べたが、こういった問題については学ばないようである）。サルマン・ラシュディの『悪魔の詩』事件（一九八八年に発表された、ムハンマドを思わせる人物を描いたイギリスの小説が、冒瀆的だとイスラム世界の強い反発を招いた事件）なども、少なくとも中学レベルでは出てこないようである。

同じく、タイの宗教科（仏教）教科書も国家統合という目的に結びついている。たとえば、模範的な仏教徒として王族が登場するのである。さらに、トルコやインドネシアの宗教科（イスラム）教科書には、「イスラムは本来的に寛容な宗教だ」と説く章が特別に設けられている。イスラムを警戒する諸外国の目を意識するほか、国内の過激派への牽制という意味もあるのだろう。

公教育なのだから、共生であろうとナショナリズムであろうと、社会の安定に資することを求められるのは当然だという意見もあるだろう。だが、教科書だけをみて、「ああこれが宗教だ」と思い込むならば、他国で異なる教育を受けた人たちとの間で宗教の理解に齟齬《そご》が生じ、かえって軋轢《あつれき》を引き起こすことも考えられる。その例を次章であげていきたい。

3章 教科書が内包する宗教差別

としているが、ここまでは、教科書が特定の宗教に対して価値判断を下し、読者にそれを受け入れさせようとしていることの問題を指摘した。教科書の宗教の描き方がもつ問題はそれだけではなく、偏見・差別につながる類の記述も多い。この章ではそれらについて論じていく。

欧米以上にオリエンタリズム?

倫理教科書は過去の思想だけでなく、現代思想も積極的に取り上げている。このため多くの教科書では、パレスチナ出身の批評家、エドワード・サイードが、著書『オリエンタリズム』(一九七八年)で、西洋人が東洋人を野蛮で劣っていると軽蔑し、それにより植民地支配を正当化してきたこと、西洋人のその偏見は、自分たちは文明人であるという自己理解と対になっていたことを指摘し、それをオリエンタリズムとよんだことがカバーされている。サイード、オリエンタリズムが言葉としてあがっていない教科書でも、民族間の偏見・差別の問題は必ず最後の「現代の諸課題と倫理」の章で扱われている。

ところが、そのように、「西洋」と「東洋」を対比し、ステレオタイプでとらえ、序列化してはいけないと論じている教科書が、最初のほうでは自ら堂々とオリエンタリズムを展開しているのである。たとえば、仏教を説明する節では、ブッダ登場の前に必ず古代インドの宗教思想を概説しているが、そこでのインドの描き方がオリエンタリズムそのものに陥っている教科書がある。

インドは、日本にもっともなじみ深い宗教の一つである仏教が生まれた土地である。「インドを旅行すると人生観が変わる」とよくいわれる。そこでは時間がゆったりと流れ、自然と一体化した生活が営まれているからである。時間に追われ、自然と切りはなされた生活を送っている私たちの目には、自分たちと異なる何かが、インドにはあるように見える。

（『高等学校　改訂版　倫理』）

第一文で、インドと日本にはつながりがあると始めながら、次の文からは、インド人は、「私たち」に文明化によって失ったものについて気づかせてくれる「他者」として語られている。「神秘の東洋」としてのインド観である。

また、この古代インドの思想のページに写真を載せている教科書のうち、A社、B社、C社はいずれも「ガンジス川での沐浴風景」を選んでいる（図3‐1）。本文の内容は、バラモン（祭

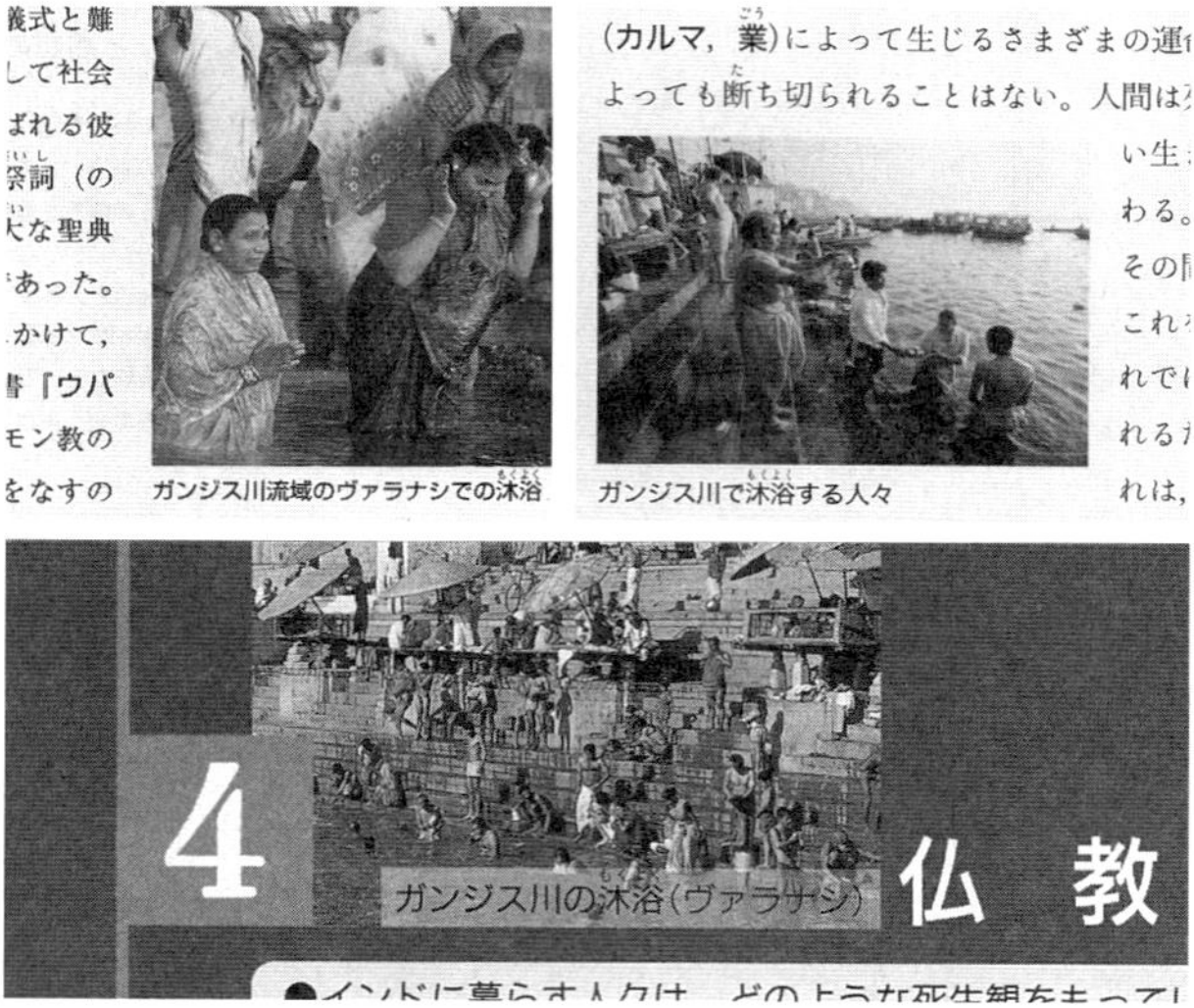

上左：『高等学校 論理 改訂版』(2009 年)，上右：『倫理』(2009 年)，
下：『高等学校 改訂版 倫理』(2009 年)より．

図 3-1

司)階級を中心とするヴェーダの宗教(バラモン教)の説明であり、聖典ヴェーダとウパニシャッド哲学、輪廻と業《ごう》、解脱などがキーワードである。つまり、ガンジス川の沐浴は、本文の内容とは直接関係ない(沐浴は民衆のヒンドゥー教での浄・不浄観念に結びつく行為だが、そのことへの言及は教科書には皆無である)。ただ単に、エキゾチックなインドを象徴するものとして、この写真が使われているのだろう。唯一F社は内容に合った写真、バラモンが崇拝するインドラ神と聖典リグ・ヴェーダの古写本の写真を載せている。アメリカでは、ヒンドゥー教団体が自ら、教科書でヒンドゥー教というと決まってガンジス川の沐浴の写真を載せるのはやめてほしい、インドが後れた国であるというイメージを与えてしまうと抗議している。そのことについては、5章で触れる。

対決させられるキリスト教と仏教

もう一つオリエンタリズムが顕著に現れるのは、キリスト教と仏教を対比する箇所である。多文化主義を意識するイギリスの宗教科教科書などは、キリスト教対仏教という固定的な対立図式は作らない。それに対して日本の倫理教科書は、キリスト教と仏教を、西洋対東洋という枠組みによりとらえがちである。それがもっとも極端なのはB社のものである。この教科書は、「仏教とキリスト教の相違」(「比較」でもなく、「共通点と相違」でもなく、「相違」だけというところに注目)という特別コラムに丸一ページをあてている(図3－2)。中心部分を抜粋すれば、

キリスト教の成立は、イエスの死後、弟子たちの間にイエスの復活を信じる者たちがあらわれ、彼らが「イエスこそ神の子であり、神が人々の罪をあがなうためにこの世に送った救世主である」という信仰をもったことに端を発している。キリスト教徒であるという

ことは、この信仰をともにするということであり、ここではいわば**信仰**がすべての中心となる。

これに対して、仏教とはゴータマ・ブッダの教えであり、その教えは一言でいえば、「一切の苦しみから解放されたければ、この宇宙をつらぬく真理である縁起の法を洞察せ

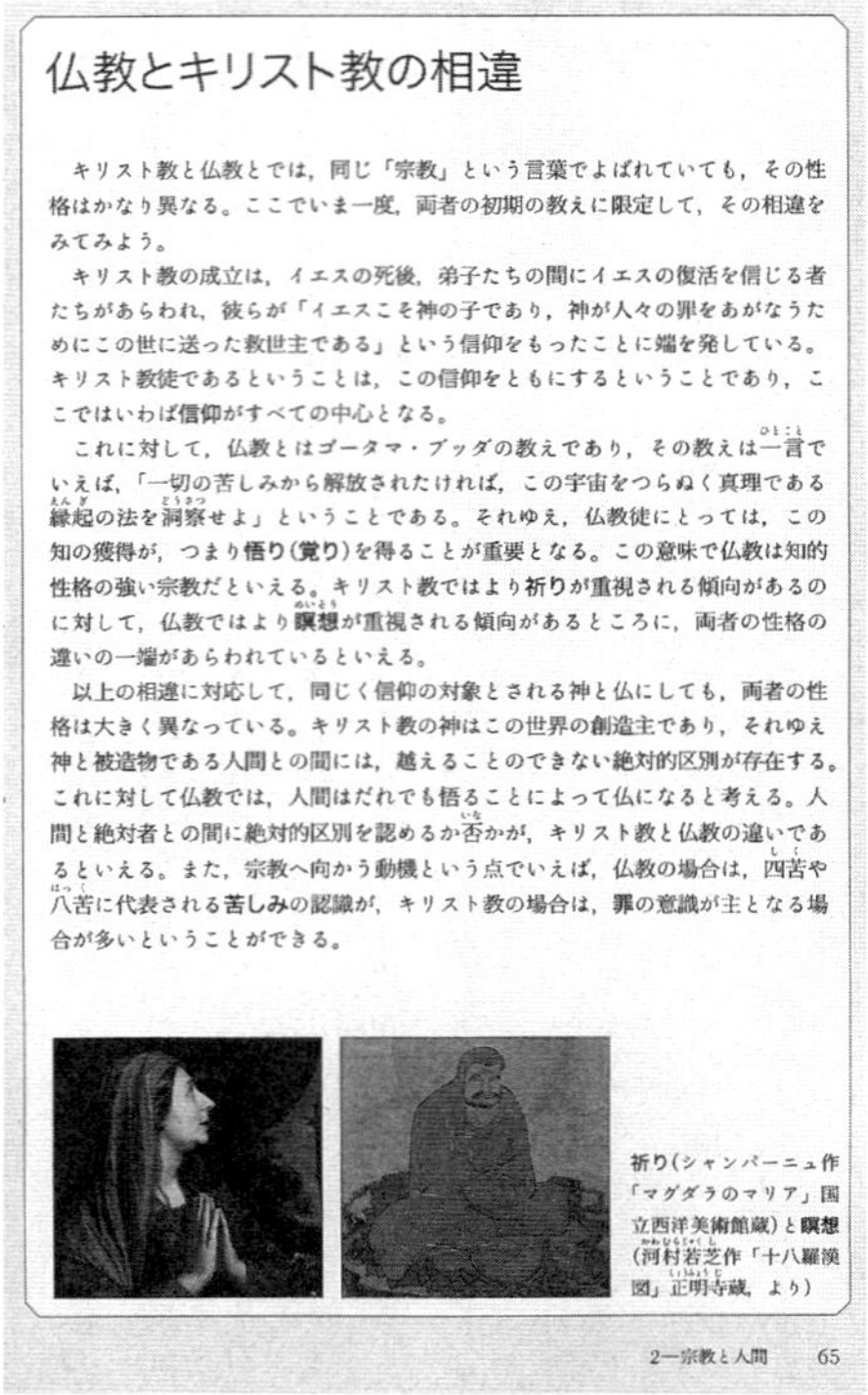

仏教とキリスト教の相違

キリスト教と仏教とでは，同じ「宗教」という言葉でよばれていても，その性格はかなり異なる。ここでいま一度，両者の初期の教えに限定して，その相違をみてみよう。

キリスト教の成立は，イエスの死後，弟子たちの間にイエスの復活を信じる者たちがあらわれ，彼らが「イエスこそ神の子であり，神が人々の罪をあがなうためにこの世に送った救世主である」という信仰をもったことに端を発している。キリスト教徒であるということは，この信仰をともにするということであり，ここではいわば**信仰**がすべての中心となる。

これに対して，仏教とはゴータマ・ブッダの教えであり，その教えは一言《ひとこと》でいえば，「一切の苦しみから解放されたければ，この宇宙をつらぬく真理である縁起《えんぎ》の法を洞察《どうさつ》せよ」ということである。それゆえ，仏教徒にとっては，この知の獲得が，つまり**悟り（覚り）**を得ることが重要となる。この意味で仏教は知的性格の強い宗教だといえる。キリスト教ではより**祈り**が重視される傾向があるのに対して，仏教ではより**瞑想**《めいそう》が重視される傾向があるところに，両者の性格の違いの一端があらわれているといえる。

以上の相違に対応して，同じく信仰の対象とされる神と仏にしても，両者の性格は大きく異なっている。キリスト教の神はこの世界の創造主であり，それゆえ神と被造物である人間との間には，越えることのできない絶対的区別が存在する。これに対して仏教では，人間はだれでも悟ることによって仏になると考える。人間と絶対者との間に絶対的区別を認めるか否《いな》かが，キリスト教と仏教の違いであるといえる。また，宗教へ向かう動機という点でいえば，仏教の場合は，四苦《しく》や八苦《はっく》に代表される苦しみの認識が，キリスト教の場合は，罪の意識が主となる場合が多いということができる。

祈り（シャンパーニュ作「マグダラのマリア」国立西洋美術館蔵）と**瞑想**（河村若芝《かわむらじゃくし》作「十八羅漢図」正明寺《しょうみょうじ》蔵，より）

2—宗教と人間　65

『倫理』(2009年)より.

図3-2

よ」ということである。それゆえ、仏教徒にとっては、この知の獲得が、つまり**悟り**(**覚り**)を得ることが重要となる。この意味で仏教は知的性格の強い宗教だといえる。キリスト教ではより**祈り**が重視される傾向があるのに対して、仏教ではより**瞑想**が重視される傾向があるところに、両者の性格の違いの一端があらわれているといえる。

(『倫理』、傍点筆者)

キリスト教では、理屈を超えたことを信じること、祈ることが中心になるのに対し、仏教では知が中心だと対比している。この教科書は、このコラムに先立ち、仏教の節の導入部分でも、仏教は唯一神教に比べ、「瞑想によって悟りを得ることを重視する、その意味で哲学的性格の強い宗教である」と述べている。仏教＝合理的、キリスト教＝非合理的というのは、西洋＝合理的、東洋＝非合理的というオリエンタリズムをひっくり返した逆オリエンタリズムである。明治以降、日本の仏教系知識人が、東洋＝非合理(非理性的・神秘的)と決めつける西洋人のまなざしに反発することにより作り上げていった図式だが、ステレオタイプの裏返しはステレオタイプの域を超えることはない。

たしかに、西洋人やクリスチャンの中にも、「仏教は哲学的だ」という人は少なからずいる。仏教では、イエスの復活やマリアの処女懐胎など、科学的にありえないことを信じなくてもよいからだという。したがって、この対比が全くのデタラメということはないし、この教科書の執筆者も、この対比は初期の教えに限定した場合にのみ有効であるとただし書きをしている(キリスト教にも神秘主義など瞑想の伝統はあり、仏教にも念仏など祈りの伝統はあるため)。

だがなんといっても、載っているのが、哲学史の教科書の体裁をとっている倫理教科書である。その中で、仏教を「より哲学的な宗教」と特徴づけたら、「哲学を学ぶうえでは、より重要な宗教」というニュアンスを帯びさせてしまうのではないか。なぜ教科書が宗教に優劣をつけてしまうのだろうか。

このコラムはまた、使用している図版に、〝自立した男性〟〝受動的な女性〟というジェンダーバイアスもかかっており、その点でも逆オリエンタリズムを強化しているといえる。キリスト教の例として載っているのは、女性が手を合わせて上を仰ぎ見る「マグダラのマリア」の絵(シャンパーニュ作)、仏教の例として載っているのは、深紅の衣の男性が座禅を組み瞑想にふける「十八羅漢図」(河村若芝《じゃくし》作)である。すがるポーズの女性と、力強い男性の対比である(ちなみに、このB社の教科書には「フェミニズム」と題する丸一ページを使ったコラムもある)。

他方、C社、D社、E社の教科書は、キリスト教と仏教を、人間のことしか考えない宗教と、全生物を大切にする宗教として対比している。

C社

西洋ではユダヤ教やキリスト教の影響で、人間だけを特別な生きものと考えるのに対し、仏教では人間だけでなくすべての命あるものが、平等に、解脱できる本性をもつとする（**一切衆生悉有仏性**《いっさいしゅじょうしつうぶっしょう》）。

（『高等学校　改訂版　倫理』）

D社

およそ生あるものの間に差別を認めないのが仏教の基本である。この点、仏教の教えは、神の似姿としての人間に「すべての生きものを従わせよ」（『旧約聖書』）と教えるユダヤ教・キリスト教の人間中心的な教えとは異なる。

（『改訂版　高等学校　倫理』）

E社

慈悲は、キリスト教的愛（アガペー）とは異なる。……慈悲は、人類をこえて、あらゆる生物に向けられるべきものである。

（『高校倫理』）

これらの教科書によれば、仏教は人間に対し他の動植物を差別しないとのことだが、では六道《ろくどう》輪廻《りんね》（天、人間、修羅、畜生、餓鬼、地獄道という六つの世界）の畜生道はどうなるのだろうか。人間に生まれ変わるより、牛馬に生まれ変わるほうが下だとされてきたではないか。そういったことには触れもせず、「自然破壊の西洋」対「自然と共生する東洋」という、オリエンタリズム的ステレオタイプに従っているのである。

「悪いことをすると来世では畜生に生まれ変わって大変なことになる」という因果応報思想も仏教の倫理・道徳部分である。しかも、歴史的にみて、「一切衆生悉有仏性」思想よりもはるかに仏教にとって中心的である。倫理教科書でいかに一面的に情報選択がなされているかがわかる。

A社の教科書は、こういったキリスト教対仏教の対比をしない(A社の教科書は全般的に、比べたり評価を下したりせず、淡々と叙述している。他の教科書は、なまじ生徒たちの理解を助けようとして、比較や意義づけをしたりするので、その過程でオリエンタリズムに陥っているのである)。逆に、三大宗教の説明に入るにあたって、次のように、キリスト教と仏教の共通性を強調する導入文をつけている。

人は他者の「死」と直面したとき、この世での人の「生」にかぎりがあることを知る。「生」にまつわるこのはかなさの感情が、古来、永遠への憧憬を生じさせたのだろう。とりわけ、この憧憬が「崇高なもの」を求めて強く結晶したとき、そこに宗教が生まれたのだといってよい。宗教において、この憧憬は人の罪や弱さからの「救い」となり、永遠への「祈り」――信仰――となったのである。……

この章では、喧騒のなかでしばらくたたずみ、いまの生を見つめなおすことを可能にしてくれる宗教的祈り――信仰――のあり方について、世界三大宗教から学んでみよう。

（『高等学校　倫理　改訂版』）

この教科書では、「祈り」や「信仰」は、キリスト教にも仏教にもイスラムにも共通する、宗教の本質部分だと主張している。B社のコラムと対照的である。

学習指導要領や学習指導要領解説には、キリスト教と仏教を対比せよという指示はない。各教科書が自主的に行っているわけだが、筆者の経験では、高校の教員サイドに、「キリスト教と仏教の比較をしてほしい」という要望があった。学んだことの整理になり、学習効果があがるというのである。そしてその比較とは、共通点の指摘ではなく、違いを際立たせ、正反対のものとして示すことを意味するようだ。編集会議で、キリスト教と仏教を、「父性的」「母性的」や、「直線的時間（砂漠の思考）」「円環的時間（森林の思考）」といった概念で対比してほしいと頼まれたことがあった。「キリスト教にも母性的な面はあります」と反論したのだが、なかなか納得を得られなかった。

序列化される宗教

教科書がキリスト教と仏教の間に優劣をつけていることなどは、まだ序の口である。より顕著な序列化は、ユダヤ教とキリスト教、ヒンドゥー教と仏教の説明において現れている。倫理教科書では、ユダヤ教とヒンドゥー教は、それぞれキリスト教と仏教の単なる準備段階という位置づけである。イエスやブッダが登場すると、ユダヤ教、ヒンドゥー教は姿を消す。あたかもそこで終わってしまったかのようである(その誤解を防ごうという意図もあって、本文に直接関係なくても、現在の信者の沐浴姿を写真で入れてみたりするのかもしれないが、それはそれでオリエンタリズムという別の偏見を生んでいるというのは指摘したとおりである)。

世界史教科書でも大差なく、イエス登場後は、ユダヤ人の出番は中世の迫害、ホロコースト、パレスチナ問題のみと決まっており、宗教という面からユダヤ教が説明されることはない。地理教科書も、知るのは三大宗教だけで十分という書き方になっている。ヒンドゥー教徒のほうが数の上では仏教徒よりも多いし(二〇〇九年には、それぞれ九億三五〇〇万人と四億六四〇〇万人〔『ブリタニカ国際年鑑二〇一〇』〕)、ヒンドゥー教徒のインド人には今や日本を含む世界各地で会えるのに、である。カシミール紛争やパレスチナ問題など、民族紛争の文脈ではヒンドゥー教もユダヤ教も取り上げられるのだが。

ユダヤ教もヒンドゥー教も、問題面ばかり書かれるというのは、倫理教科書ではいっそう顕著である。話の流れとして、それらは宗教として足りないところがあったり、社会に害をなしたりしていたので、イエスとブッダが救世主として登場し、新しい教えを説いたのだとなっているからである。イエスやブッダを偉大な先哲として描こうとすればするほど、相対的にユダヤ教とヒンドゥー教は貶《おとし》められるというしくみである。

具体的には、イエスやブッダが登場する前の、ユダヤ人社会やインド社会の問題は、社会的弱者に対する差別として描かれている。その差別を正当化していたのがユダヤ教であり、ヒンドゥー教だということにされている。イエスやブッダはその差別を否定・克服し、その過程でそれまでのユダヤ教、ヒンドゥー教とは正反対の教えを説いた、ということになっている。教科書によって温度差はあるが、この傾向が顕著に現れている例を抜粋しよう。

〈ユダヤ教の記述〉

B社

ユダヤ人は紀元前一世紀後半にローマの支配下におかれて苦難を強いられることになった。そのとき、民衆の間には**救世主**（メシア、キリスト）への待望が高まったが、律法に厳格なパリサイ派の律法学者たちは、むしろ、律法の一つひとつのおきてを厳格に守ることこそ、神の祝福と民族の栄光を近づける唯一の道であると教えた。しかしこの律法主義は、一方でおきてに型通りしたがえばよしとする形式主義を生み、他方でおきてを守ることのできない多くの人々を、罪人《つみびと》、けがれた者として軽蔑し差別する結果を招いた。

このような宗教的伝統の中に登場し、神の**福音**(喜びの知らせ)を宣教したのが**イエス**である。

（『倫理』）

F社

このころ、ユダヤ人社会では、サドカイ派の祭司層やファリサイ派の律法学者が支配力をもち、人びとは生活のすみずみまでユダヤ教の律法にしたがうことが求められていた。しかし、きびしい律法を守ることができるのは、宗教生活に専念している人か富裕な人に限られる。それゆえ、律法を守れない貧乏人や、遊女、徴税人などは罪人として軽蔑され、偶像を礼拝している異邦人も差別された。また、病気や障害は、その人かその人の祖先の罪ゆえに下された神罰と考えられ、忌み嫌われていた。本来のユダヤ教思想は支配層によって歪められ、律法を守りさえすれば救われるという形式主義に変質していたのだ。ところが、イエスは、このような形式主義を批判し、差別されている人びとを受け入れた。

（『倫理』）

〈ヒンドゥー教の記述〉

C社

解脱のためには、さまざまな**苦行**が課せられたが、多くの修行者をひきつけていた。

これら修行者のなかから、バラモン教〔初期のヒンドゥー教〕を批判して、教団として独立した活動を展開する動きが現れる。のちに六師《ろくし》外道《げどう》とまとめてよばれるようになるが、仏教もともとはこれらと同じ潮流に属していた。

仏教の開祖**ゴータマ＝シッダッタ**が生まれたころには、バラモンの権威がゆらぎ、武人や庶民が力をもつようになっていた。クシャトリヤとして生まれた彼は、カースト制度を批判し、人間は真理の前には平等であると述べて、**ダルマ**〔**法**〕とよばれる正しい理法の実践を追究した。

（『高等学校　改訂版　倫理』）

D社

カースト制度とは、人びとが、**バラモン**〔司祭者〕、**クシャトリア**〔武士・貴族〕、**ヴァイシャ**〔庶民〕、**シュードラ**〔隷属民〕という四つの種姓《しゅせい》〔ヴァルナ〕のいずれかに属すると見なす厳格な身分秩序である。カースト制度はさらに、身分外の存在としてはげしく差別される人びとを生み出したが、今なおインド社会の根幹をなしている。

バラモン教とは、四姓中最上位とされるバラモンを中心に、聖典『**ヴェーダ**』にもとづいて発達した宗教をいう。それは、自然を支配するものとして多数の神がみを崇め、バラモンが中心的役割をはたす祭祀や呪術によって利益《りやく》を求めようとする多神教であった。

(『改訂版　高等学校　倫理』)

これらを読んだ高校生は、ユダヤ教やヒンドゥー教はひどい宗教だなあと思うことだろう。よくみれば、多くの教科書は、ユダヤ教全体を否定することにならないよう、たまたまイエスが生まれた時代の、一部のユダヤ教徒のみが非人道的だったのだという書き方をしている。また、本書の読者の多くも、キリスト教や仏教の成立については、これらの引用に似た説明を聞いてきたのではないだろうか。「これらは事実ではないのか。ユダヤ教にしろヒンドゥー教にしろ、今も信者がいるといっても、悪いところは悪いとはっきり批判するほうがよいのではないか」と思うのではないだろうか。

ところが、これら日本の教科書の〝通説〟は、現在、国際的には共通理解とは言いがたい。欧米のキリスト教圏の公教育用教科書をみてみると、日本の倫理教科書ほどイエスの時代のユダヤ教を問題視し、ユダヤ教とキリスト教のコントラストをはっきりつけているものは、調べた限りでは存在しない。

それを何よりもよく象徴しているのは、「律法主義」「選民思想」という言葉の有無である。日本の倫理教科書はみな、例外なく、古代ユダヤ教を「律法主義」「形式主義」「選民思想」の言葉(いずれか、またはすべて)で形容している(ダイジェスト版である現代社会教科書も、調べた限りではそうなっている)。それに対して、少なくともイギリス、アメリカ、ドイツ、フランスの教科書は、ユダヤ教を説明するときに「律法主義」「選民思想」という単語は使わないのが常識のようである。イエスの時代のユダヤ教を対象とするときにすらである。

単に「律法遵守を重視した」と表すのではなく、「主義」という接尾語をつけると、非難めいたニュアンスが強まる。「律法主義」や「形式主義」という言葉は、ユダヤ教に対するマイナスのステレオタイプであり、一種の差別語なのである。「選民思想」もしかりである。自分たちが特別だと思った古代民族はユダヤ人だけではないし、キリスト教徒も選ばれし者たちという意識をもつことは、現在に至るまでしばしばであった。それなのになぜユダヤ人だけが、傲慢な人々であるかのようなイメージをあてがわれなくてはいけないのか。

先に、保守的な宗派教育の例として、ドイツのバイエルン州の宗教科(カトリック)の教科書をあげた。第一〇学年用を読んでいくと、神学的にみて保守的な部分はある。たとえば、「信仰」の章では、「聖書にあるイエス伝は捏造である」という意見に対して、キリスト教徒が述べうる反対の論拠を示せという護教論的課題が出されている。だが、このような教科書といえども、イエスの教えについて説明する章では、ユダヤ教非難につながらないように随所で配慮をしている。日本の倫理教科書で、形式的律法主義をイエスは批判したと表現されている内容を、この教科書では、イエスによる律法の「厳格化」(Verschärfung)という(「柔軟にとらえた」などとは一見反対の)言葉で表し、「イエスも律法を本質的には守るべきものとした」ということも強調している。

2　山上の説教の倫理——その概観

2・1　律法(トーラー)の命令:それは本質的には守られねばならない!

……

2・2　「律法(トーラー)の厳格化」:重要なのは神の意思であって、律法の文字ではない

いくつかの生活上の問題に関連して、イエスは、神の律法を法的に適用することに批判を加えています。そうした法的な適用によっては、神の本来の意思を正しく捉えることも、また、問題となる人間の行為を正しく捉えることもできないのです。イエスにとって重要なのは、次のことでした。

人は行いに対してだけでなく、その内面の態度に対しても、責任を取らなければならな

い。

二つの人間の過ち——殺人と姦淫——について、イエスは山上の説教のなかで自分の考えを次のように述べています。殺人を犯すことによってはじめて、神の裁きの対象となるわけではない。そうではなくて、殺人に先行するすべてが、つまり他者に対する偏見や、偏見に基づく断罪、あるいは軽蔑的な言動などがすべて、神の裁きの対象となるのだ、と。

同じように、姦淫を犯すことによってはじめて神の前での非難の対象となるのではなく、他者の妻に対する性的な情欲それ自体がすでに非難の対象となるのだ、と。

（『世界の宗教教科書』e3　蝶野立彦訳）

「山上の説教」とは、「マタイによる福音書」第五章三節から第七章二七節に記された、イエスの教えの核心が示されているといわれてきたものである。日本の倫理教科書（A社など）は、山上の説教中のこの殺人と姦淫に関するイエスの考えについては、「イエスは形ではなく心を重視した」「律法の内面化を求めた」というように、行為と心、外見と内面の対比という観点から解釈している。このドイツの教科書はそうとらえずに、悪意ある考えをもった段階ですでに神の裁きに値するとしているのだから、イエスのほうが律法のとらえ方が厳しいと解釈しているのである。さらにいえば、日本の倫理教科書はみな、この山上の説教から「愛の教え（神の愛と隣人愛)」を引き出しているが、このドイツの教科書では(もちろんこの引用箇所のあとには、隣人愛への言及もあるが)、「神の裁き」の面も目立っているのがわかる。

そして、ドイツならではの特徴ともいえるのは、ナチスによるホロコーストに至る、ヨーロッパのキリスト教徒によるユダヤ人差別を説明し、強く批判している点である。キリスト教社会でユダヤ人迫害を正当化してきたのは、イエスを殺害したのはユダヤ人だという解釈だが、これについて先の教科書の第九学年用はこう説明している。

ユダヤ教徒とキリスト教徒の長い歴史の中で、イエスの死の責任がユダヤ人たちにあるとする非難は、極めて悪い結果をもたらしてきました。その際、キリスト教徒はイエスとイエスの弟子たちもユダヤ人であったということを忘れていたのです。彼らは新約聖書の中からユダヤ人に対する非難を読み取りました。しかし、新約聖書は「ユダヤ人たちに問題があった」というのではなく、「私たち人間に問題があった」ということを言おうとしています。

(『世界の宗教教科書』e2　山野貴彦訳)

さらにこれを生徒自身に確認させるべく、ふたたび聖書本文を読むよう促している。

保守的なキリスト教宗派教育の教科書ですら今はここまで慎重だというのに、日本の倫理教科書は、イエスの死の責任はユダヤ人にあり、とさらりと書いてしまっている。とくに強い語調のものは以下である。

B社
イエスは、〔ユダヤ教の〕指導者たちが、律法を守っていない人々を罪人として裁くのをみて、彼らをきびしく批判した。このためイエスはとらえられ、ユダヤ教の指導者とローマの総督に裁かれ、十字架刑で殺された。
（『倫理』）

D社
イエスの言動は、律法の厳密な解釈や形式的な遵守を主張する人びとに対する批判をふくんでいたので、ユダヤ教の指導者たちの反発を招いた。彼らは、イエスをローマに対する反逆者として告発し、**十字架**上の刑に処した。
（『改訂版　高等学校　倫理』）

F社
当時の律法学者や祭司層などから……社会秩序を乱す反逆者とみなされたイエスは、ユダヤ教の律法に関する最高法廷で裁かれ、ローマ総督に引き渡されたあと、十字架刑に処せられた。

（『倫理――現在を未来につなげる』）

イギリスの多文化主義的な宗教科教科書や参考書ではいっそうのこと、ユダヤ教を批判してキリスト教が生まれた、ヒンドゥー教を批判して仏教が生まれたといった書き方にはなっていない。「ファリサイ派の律法のとらえ方について、イエスは異議を唱えた」といった記述はあっても、それはユダヤ教批判というより、「権威に挑んだ」ことがポイントだとされていたりする。

イギリスの教科書にはまた、日本の教科書では全く言及のないブッダの誕生に関する諸伝説（右脇腹から生まれた等）なども載っている。仏教を思想としてではなく、宗教としてとらえるためである。そして「偉大な宗教の創始者の誕生はふつう、奇跡的なできごとをともなうのはなぜだと思いますか。そのような伝説から、その人の重要性について何がわかりますか」といった問いかけがついている。

同国の高校高学年を対象としたより詳細な宗教科教科書では、仏教草創期の社会的背景を述べているものもある。その中にはブッダがそれまでの伝統に批判的だったという説明も出てくるが、次のように、日本の教科書に比べると慎重な書き方である。

この状況は、遊牧民社会から定住都市社会への変化を反映していると考えられている。その多元的状況は、私たちの今日の宗教多元状況になぞらえられることが多い。古い伝統は新しい社会状況に合わなくなってきており、さまざまな新しい生き方が実験されていた。社会はまた、平和で繁栄していたので、人びとが哲学的・宗教的問題を議論する余裕もあったのである。……

ブッダはバラモンの伝統にとても批判的だったようである。彼は、宗教の教えに関し、バラモンの権威を受け入れなかった。真の尊さは、特定の階級への生まれではなく、高貴な行動によって得られると説いた。彼はどのカースト出身者も自分のコミュニティに受け入れたが、事実としては、その大多数はバラモン、クシャトリア、ヴァイシャの出身者だった。

(Denise Cush, *Buddhism: A Student's Approach to World Religions Series*, London: Hodder & Stoughton, 1993. 傍点筆者)

カースト制自体についても、「後代に複雑なヒンドゥー・カースト制となるものは、ブッダの時代にすでに発達していたが、とはいえ、バラモン階級はこの制度をブッダの世界におしつけるのに完全に成功していたわけではないかもしれない。彼や他のクシャトリアは、自分たちのほうがバラモン階級より地位が高いと考えていたようである」という留保つきの書き方である。

さらに、初期のヒンドゥー教(バラモン教)についても、日本の教科書にはこれをマイナス・イメージを生みやすい「呪術」という言葉で形容しているものがあるが(D社、E社)、この教科書は次のように中立的に描いている。

リグ・ヴェーダに記録された讃歌は、概して、神への讃辞に満ち、豊穣、戦いでの勝利、富、子孫繁栄などの現世的幸福の祈願を含んでいる。神々は、動物供犠《くぎ》、詠歌、バラモンたちのみが知る複雑な作法を含む手の込んだ儀礼により崇拝された。(同右)

用語という点では、現在、国際的・学界的には、「バラモン教」という呼称は不適切とされており、「ヴェーダの宗教」等の表記に変わっている。イギリス人が外からあてがった呼称、つまり当事者による呼称ではないうえに、バラモンという人間を崇拝しているような意味やバラモン中心の差別的宗教という意味を含み、唯一神教より格が下だというニュアンスを漂わせている。イギリスの教科書は、調べた限りでは「バラモン教」の語の使用を明らかに避けている。「ヒンドゥー教」の語も、外部の西洋人が作った呼称で、信者によるものではないことを、注ではなく、ヒンドゥー教の章の本文冒頭で説明しているものもある。これに対して、日本の倫理教科書は、実に全社が「バラモン教」の表記のままである。

フランス、アメリカは政教分離制のため宗教科がないので、社会科教科書で該当箇所を確認しよう。前掲のフランス・アティエ社のコレージュ第六学年用歴史教科書で「キリスト教の始まり」の章を調べると、やはり、当時のユダヤ教には律法主義や階級問題があり、だからイエスが立ち上がったのだという記述はない。祭司階級との対立よりも、「イエスはヘブライ語聖書（旧約聖書）もユダヤ教も否定しなかった」（『世界の宗教教科書』h3　寺戸淳子訳）という記述のほうが目立つ。聖職者・貴族階級を倒した革命に今日のフランス社会の出発点があることを考えれば、「貧者が宗教により抑圧されていたから改革が起きた」という説明がないのは不思議なほどだが、ユダヤ教を否定的に書かない、キリスト教と極端に対比しない方針があることが窺われる。この章の前にはユダヤ教史の章があり、同じ授業時間数をあてるようにとの教員向けの指示がある。律法については、ただ「厳しい」と形容するのではなく、十戒のほか食規定や割礼、また主要な祭日が、ユダヤ教への理解を深めるという観点から解説されている。

そして、イエスの教えは、「人は神だけでなく隣人をも愛さなければならず、地上の富を捨てて貧しさのうちに生きなければならないと説いた。この啓示に従う者は、死後、神の王国（天国）で永遠に生きるとされた」（同右）とまとめられている。短いながらも、日本の倫理教科書との違いは明白である。日本のほうは、「現世的富を捨てよ」とイエスが説いたことには、一社たりとも触れていない。神に従うことの報いも、心の救いが得られるという面が強調されており、死後報われるのだという書き方をしている教科書はない。日本の教科書ならびに学習指導要領解説は、作成者がどこまで意識的にそうしたのかはわからないが、現代日本人の現世肯定的な価値観に違和感のないような形でキリスト教を描いていることになる。

同じアティエ社のリセ第二学年（高校一年生）用の歴史教科書でも、これらの傾向は変わらない。イエス登場の背景は、ユダヤ教の律法主義や階級問題ではなく、ローマ帝国に対する抵抗運動と終末論（世界の終わり、神の裁き、新しい世界の待望）とされている。そして、イエスについては、「イエスが存在したことは広く認められているが、その生涯を書くことは難しい」と冒頭に明記したうえで、その死の責任については、「おそらくは政治的騒擾を恐れたであろうローマ人によって十字架に架けられた。これが**受難**と呼ばれる出来事である。彼はまた、宗教的に対立していたサンヘドリン（ユダヤ側の最高法院）によっても告発され、裁かれたようである」（『世界の宗教教科書』h1　寺戸淳子訳、傍点筆者）という慎重な説明を試みている。

アメリカの中等教育用世界史教科書も一〇冊ほど調べてみた。教科書によっては、「愛し、赦すことが、律法をただ守るよりも重要だとイエスは説いた」「律法を厳密に守るより、内面を変えようとした」とあるが、「当時のユダヤ教が「律法主義」だったから」「下層階級に抑圧的だったから」という言葉はない。それどころか、「山上の説教のような倫理的教えは、貧者や弱者に対し慈しみと共感をもつべきだというユダヤ教の教えを反映していた」（傍点筆者）と書かれた教科書すらある。

どの国でも多種多様な教科書が多数出版されているので断言はできないが、とくにユダヤ教については、「律法主義」という言葉を使い、ユダヤ人全体はもとよりファリサイ派や指導者についても弱者を虐げる悪者と一義的に書いた教科書はなかった。なぜユダヤ教を批判的に書かないのかというと、もちろん日本に比べ、社会の中にユダヤ人が多く声が大きいため、しかるべき配慮が必要だということはある。だが決して、クレームがつくからという消極的な理由だけによるのではない。

キリスト教神学の中で、現在は全般的に、「ユダヤ教に問題があったので、それを乗り越えるためにキリスト教が生まれた」という歴史観は、独善的な「勝利主義」（triumphalism）だという自己批判が浸透しているのである。あるいは、「イエスの登場によって、ユダヤ教は歴史的使命を終え、キリスト教に舞台を譲った」という理解は、「置換主義」（supersessionism）として反省されている。リベラルなプロテスタントはもとより、カトリックも教会の現代化を図った一九六〇年代の第二ヴァチカン公会議以降はユダヤ教に対するネガティブ・キャンペーンを控えるようになり、保守的プロテスタントの神学者の間にもそれは広がっている。一般信者の中には、今でもユダヤ人はキリスト殺しであり、非難に値するとみなす人はいるが、識者の間では、これまでのキリスト教史の語り方は、キリスト教を正当化するためにユダヤ教を故意に矮小化したものであったことが共通認識になりつつある。少なくとも歴史的なユダヤ人迫害を経た欧米圏についてはいえることである。結果として、クリスチャンの少ない日本の倫理教科書のほうが、イギリスやドイツの宗教科教科書よりもキリスト教を護教しているという、非常に奇妙な状態になっているのである。

「民族宗教」対「世界宗教」という呪縛

つけ加えれば、日本の倫理教科書は、B社を除き、「民族宗教」対「世界宗教」という対概念を積極的に用い、ユダヤ教、ヒンドゥー教を前者に、キリスト教、イスラム、仏教を後者に分類している。その際、明らかに世界宗教のほうが宗教として優れているという序列化をともなっている。とくにそれが顕著に現れているのは、D社の「イエスの教えが、イスラエル人の**民族宗教**の枠を超えて**世界宗教**となる可能性をもったのは、そうした無償の愛、無差別の愛による」(『改訂版　高等学校　倫理』)という一文などである。現代社会や地理でもこの分類を使っている教科書がある。

この民族宗教・世界宗教のカテゴリーは、一九世紀、ヨーロッパ・キリスト教中心主義が強かった時代の学界で広まったものであり、現在の宗教学では反省され、使われなくなってきている。これを反映して、先に分析したようなイギリス、アメリカ、ドイツ、フランスの宗教科や社会科の教科書では、これら二つのカテゴリーにより五つの宗教を格づけするような箇所はない。多文化主義度の高いイギリスの宗教科教科書は、民族宗教・世界宗教に限らず、東西対比を含め、およそいかなる分類もしない方針のようである。グループ化すると、よほど慎重に説明しない限り、価値判断を招き寄せやすいからであろう(前述の、日本の教科書のオリエンタリスティックなキリスト教―仏教比較はその好例である)。ドイツの教科書には、「自然宗教」(土着宗教)対「大宗教」(信者数の多い、メジャーな宗教という意味)というカテゴリーを用いているものがあった。しかし、自然宗教の例はアメリカ先住民の信仰などで、尊重すべき少数派の伝統という位置づけである。大宗教のほうが上だという意味あいはない。

筆者自身は、キリスト教、イスラム、仏教には、創唱者的人物の存在など、ユダヤ教、ヒンドゥー教にない共通特徴がいくつかあるので、宗教を理解するうえで分類や比較が全く不要だとは思わない。だが、現行の倫理教科書のように、「世界に広まっている宗教のほうが優れている」という素朴な前提により安易に価値判断を下すことには反対である。

もっとも、日本の場合、世界宗教というカテゴリーやキリスト教を相対化すると、それがまた別の偏見につながるかもしれない。キリスト教がユダヤ教に比べて特別に優れているというわけではないのなら、キリスト教を布教する意義がわからなくなり、独善的な宗教にみえてくるからである。現在、日本人の中には、他人を勧誘する宗教をあまりよく思わない傾向がある。2章で述べたように、なぜキリスト教は先行する土着の宗教にとって代わろうとしたのかが不可解だという学生たち、キリスト教は押しつけがましい宗教だと思っている学生たちがいるのである。キリスト教が体制派である欧米でキリスト教や世界宗教の優越性を相対化するのと、キリスト教がマイナーであり、キリスト教批判が土着主義(伝統礼賛)につながりやすい日本でキリスト教の歴史的意義を弱めるのとでは、社会的・教育的影響がかなり異なるだろう。

しかし、だからといって、教科書がユダヤ教やヒンドゥー教を軽んじてもよいということにはならない。イエス、ブッダとキリスト教誕生、仏教誕生の意義を語ることと、ユダヤ教、ヒンドゥー教を宗教として尊重することの両立にこそ取り組まなければならないのに、現状ではその課題があることすら、文科省や教科書制作者に認識されているとはいいがたい。

勝利主義史観は仏教にも

倫理教科書では、仏教内部の記述にも、勝利主義史観が存在している。まず、上座部仏教(部派仏教)と大乗仏教の関係づけである。上座部を劣、大乗を優とする価値判断がもっともはっきりしているのは、次の記述である。

部派仏教は、出家し、きびしい戒律を守って修行し、阿羅漢《あらかん》〔最高の悟りを得た者〕を理想として自分一個の悟りをもとめることを重視した。これに対して、紀元前一世紀ごろから、一般民衆ならびにその指導者であった説教師の間で、自分の悟りをもとめるという自利《じり》とともに慈悲の利他行《りたぎょう》を重んじ、広く一切の衆生の救済を目指して献身する**菩薩**を理想とする運動がおこった。彼らは、みずからの教えを、大衆を救う大きな乗り物ともいうべき教えであるとして、**大乗仏教**と名づけた。（『倫理』）

「自分のことしか考えない」「きびしい」部派・上座部仏教と、「自分＋他人のことを考える」「慈悲の（やさしい）」大乗仏教という対比である。「自分もこう習った」という読者が多いことと思うが、これは大乗仏教側からみての伝統的解釈であり、いわば大乗仏教の護教論である。「自分さえよければと独りよがりで、律法がきびしいユダヤ教」と、「他人思いのやさしいキリスト教」というキリスト教護教論的対比に似ている。そのような歴史記述に対しては、今やキリスト教神学内で反省が起こっているように、仏教学内でも見直しが起きつつある。

「大乗サイドにはこう見えた」という間接的な書き方なら、いくぶん中立的になるが、この教科書は「部派・上座部仏教は……重視した」「自利とともに慈悲の利他行を重んじ……る運動がおこった」と、教科書執筆者自身が断定している形になっている。他社のものでは、大乗仏教を「改革運動」「革新運動」という語で特徴づける教科書もある。この一語が入ると、優劣関係がより鮮明になる。

後述のように、これらの教科書では、日本の仏教の諸派に関する記述の中にも、ある種の勝利主義史観がないわけではない。だが、「鎌倉仏教は奈良仏教に対する革新運動だ」「浄土真宗は浄土宗に対する改革運動だ」という表現は皆無である。鎌倉仏教側の意識としては、奈良仏教に対する改革運動だったはずであり、その構造は大乗仏教と部派・上座部仏教の関係と変わらない。だが、部派・上座部仏教―大乗仏教の関係については使う「改革」「革新」という言葉を、日本の仏教諸派に対して使わないのは、ダブル・スタンダードではないだろうか。

一面的な優劣の価値判断がもっとも弱いのは、C社の次の記述であった。

もともとゴータマの教えには、世俗をのがれ、きびしい戒律にしたがって修行し、悟りを完成させる面(**自利**)と、世俗の生活のなかで、万人のために悟りにもとづく**慈悲**のはたらきをなしとげていく面(**利他**)とがあった。仏教教団は、この点をめぐって**上座部**と**大衆部**《だいしゅぶ》の二派に分かれ、さらに分裂を重ねていった(**部派仏教**)。その後、利他行を説く流派のなかから**大乗仏教**が生まれた。

(『高等学校 改訂版 倫理』)

大乗仏教側は自らを「大乗」、上座部などを「小乗」と呼んだという問題は、この教科書では注に小さく書かれている。また、世界史の教科書も全体的に、大乗仏教―上座部仏教を序列づけるニュアンスが弱いが、これは該当箇所の記述分量が少ないことも一因だろう。

さらなる問題は、大乗仏教の思想をブッダの思想や原始仏教の思想に投影する傾向である。これは筆者も実際に執筆してみてわかったが、ブッダから大乗仏教までの仏教思想の流れを、歴史にそって順に厳密な記述をするにはスペースがあまりに足りず（割り当ては六ページ）、かなり単純化しなくてはいけないという事情がある。たとえば、「無我」の概念を丁寧に説明したくても、原始仏教と大乗仏教での解釈の違いについて書く紙幅はない。そこで、原始仏教の「無我」概念を半分、大乗仏教の「空」の思想に近づけて説明し、まとめてしまうという手を使ったりする。

このようにやむをえないところがあるとはいっても、現在の教科書は、多くが（取り上げた中ではC社以外すべて）大乗的な「慈悲」の言葉をブッダ本人の思想として紹介し、しかも非常に強調している。

これについても、「釈尊は慈悲を説いたと習った」という読者が多いと思うが、慈悲の概念が確立し中心化するのは大乗仏教においてである。前掲のタイの中学の仏教教科書を調べると、「慈悲」の語は一八四ページ中、四箇所のみであり、しかもどれも「ブッダが慈悲を説いた」

という文脈ではない。一番近いもので（初転法輪《しょてんぼうりん》（悟りを開いたブッダがはじめて行った説教）の文脈で）、「ブッダの心に慈悲が生じた」と外からの記述として使われているだけである。これは、「仏教といえば慈悲」とすり込まれてきた現代日本人には、衝撃的ではないだろうか。その一言定義は、上座部仏教圏では通じないようである。日本では、知らず知らずのうちに、大乗仏教が仏教そのものとなっているのである。

現在の仏教学・インド哲学の水準からは、慈悲のみならず、縁起概念等も、ブッダが直接説いたとするのは歴史的に不正確であるとされている。高校教科書でそこまでこだわるのは、衒学的だという誹《そし》りを受けるかもしれないが、慈悲は、上座部仏教圏と日本の国際関係、異文化との共生の課題に絡むことなので、まさに〝倫理〟教科書でどう扱うかは問題にすべきなのである。

倫理教科書の日本仏教史の記述がはらむ諸問題については先行研究がある。浄土真宗本願寺派教学伝道研究センターの江田昭道氏は、全般的に勝利主義史観がみられること、たとえば、親鸞に比べると法然や平安時代の浄土教は「浅い」ものだととらえられる可能性があることを指摘している。次のような箇所がそれに該当する（いずれも傍点は筆者による）。

A社

法然が開いた浄土宗の教えをさらに徹底したのが**浄土真宗**の開祖、**親鸞**である。

（『高等学校　新倫理　改訂版』）

B社

こうした法然の教えをさらに徹底したのが浄土真宗を開いた弟子の親鸞である。

（『倫理』）

D社

法然は、浄土信仰を一歩進めて**浄土宗**を開いた。……

法然の教説をうけついだ**親鸞**は、専修念仏をより深く、内面からとらえたことによって後世の人びとから**浄土真宗**の開祖とあおがれた。

（『改訂版　高等学校　倫理』）

F社

浄土信仰を真に末法の世にふさわしい民衆救済の宗教として確立し、**浄土宗**をひらいたのが法然である。……

法然の専修念仏の教えから出発して、しだいにそれをのりこえ、純粋な信仰の立場を確立したのは、浄土真宗の開祖とされる親鸞である。

（『倫理――現在を未来につなげる』）

さらに江田氏は、学習指導要領も教科書も、日本の仏教を教えるときに「日本独自の受容」があったことを強調し、それがとくに鎌倉仏教において達成されたと書かれていることを問題視している。鎌倉以前の日本仏教がまるで日本人に合っていない、上滑りしたものであるかのような印象を与えかねない場合もあるからだと述べている。次が該当箇所の例である。

C社

鎌倉仏教は大陸の仏教のたんなる継承ではなく、日本独自の展開をみせている。

（『高等学校　改訂版　倫理』）

また、どの教科書にも、鎌倉よりあとの仏教史に関する記述がほとんどないので、仏教を過去の遺物のように扱っているという疑問の声は、よく聞くところである。なお、真言宗豊山派総合研究院の笹岡広隆氏は、歴史教科書において、空海や真言宗が「まじない」という言葉で（しかも「まじない」とは何かを定義せぬままに）形容されている点などの問題があると指摘している。この点については筆者も確認した。鎌倉仏教については、高校の日本史教科書には倫理教科書ほどの勝利主義史観はみられなかった。

日本の仏教を語るときの問題で、筆者にとってもっとも興味深かったのは、前任校で仏教学を専攻していた大学院生のある発言である。彼女自身は寺に生まれたのではないが、書物から仏教思想を学ぶだけでなく、「生きた仏教」(生活の中の仏教)に接してきた人である。彼女の目からは、倫理教科書でもっとも違和感があるのは仏教の説明で、ブッダがイエス、ムハンマドに対応する存在として描かれているところだそうだ。

どういうことかといえば、日本の伝統仏教は宗派に分かれており、寺院に生まれればとくに、まず自分は○○宗だというアイデンティティをもつ(日本人の多くが何らかの寺の檀家であるため、ある意味「仏教徒」であることは当たり前すぎてアイデンティティにならないという言い方もできるかもしれない)。そして日常の崇拝対象は誰よりも宗祖、つまり浄土宗であれば法然、真言宗であれば弘法大師(空海)であるのがふつうである。もちろん釈尊のことを崇拝しないわけでは毛頭ないが、キリスト教徒がイエス、イスラム教徒がムハンマドを崇拝するのと同じように、歴史的存在としてのゴータマを毎日意識し、崇めるというわけではないのだそうだ。

三大宗教を「思想」として抽象化する倫理教科書には、このような視点は皆無である。「キリスト教と仏教はこんなに対照的だ」とオリエンタリズムを推進する一方で、その比較の基盤の部分では、無自覚なままにキリスト教を宗教のモデルとし、そのモデルに仏教をはじめ他の宗教を無理やりあてはめていることがわかる。先述のC社の現代社会教科書が、強引に「愛」を三大宗教の比較共通項目として掲げていたのもこれに準じるだろう。「聖典」の項目も、キリスト教は聖書、イスラムはクルアーンに対して、仏教は「仏典(スッタニパータなど)」と書かれている。E社の倫理教科書などもそうなっている。スッタニパータは最古の経典の一つであるため、もっともブッダのナマの言葉に近いだろうという想定から選ばれたのだろうが、これこそ「聖書に対応するものは何だろう」の発想である。「お経」ときいて、まずスッタニパータを思い浮かべる人はどのくらいいるだろうか。

「他者」ですらないイスラム

イスラムについては、前述したように、倫理教科書ではそもそもキリスト教・仏教に比べて記述分量が圧倒的に少ない。これについては、教科書の総ページ数は限られているのだから、日本にかかわりの少ない宗教ほどページ数が減るのはやむをえないという意見もあるだろう。だが、扱いの違いは分量だけではない。キリスト教と仏教を対決させたがる教科書が多いと述べたが、イスラムはその土俵にすらのせてもらえないのである。

イスラムの節はどの社の教科書でも、だいたい次のような要素から成り立っている。

- イントロダクション（イスラムは「世界宗教」の一つだ、イスラムでは聖と俗が一体化している、イスラムを知ることは現代社会で重要だ等の導入文）
- ムハンマドの生涯とイスラムの成立
- 唯一神教であること、イスラムの語の意味
- クルアーン
- 五行（信仰告白、礼拝、断食、喜捨、巡礼）
- ムハンマド後のイスラムの展開

これらの要素が二ページないし四ページに詰め込まれている。

このリストから窺いしれるように、イスラムは、キリスト教や仏教ほど「思想」という面から語られていない。かわりに、礼拝や巡礼といった一般信者の宗教的行為は必ず入っている。逆に、キリスト教・仏教の説明では、一般信者の宗教生活についてはほとんど言及がない。これは、信仰を行為によって表すことを重視する、イスラムという宗教の特性による面もあるが、一見すると、イスラムだけ哲学的な要素がなく、体を動かしているだけのようにみえてしまうのである。

詳しく述べれば、まず、ムハンマドがどのような思想をもっていたかの説明が、あまりにシンプルである。スペースがないことだけが原因ではない。ムハンマドが説いたことは、イエスやブッダの場合と異なり、「現在の私たちにとっても意味があるのだ」という形では示されていないのである。例をあげれば、

ムハンマドはアラビアの商業都市メッカに生まれた。成長してからは、商人として活動していたが、四〇歳ごろ、メッカ郊外のヒラー山の洞窟にこもっていたとき、「起きて、警告せよ」という神の声を聞き、自分は神の使徒であると自覚するにいたった。やがてメッカの人々に神の教えを伝えるようになったが、祖先伝来の部族の宗教である多神教とその偶像崇拝に反対したため、支配者層の大商人たちから迫害を受け、六二二年、彼を預言者と認める人たちの多いメディナに難をのがれて移住した(**聖遷**《せいせん》、**ヒジュラ**)。しかしやがてそこを根拠地に、軍事的および外交的成功を通じて政治的権力と宗教的権威を確立し、メッカを奪い返した。その後、まもなく病気でなくなった。

(『倫理』)

これはムハンマド紹介箇所の全文である。この文章から、ムハンマドが新しい教えを説き始めた意義、またその内容を理解できるだろうか。ムハンマドが説いたことは、祖先伝来の多神教

の批判という、否定形でしか語られていない。しかも、なぜ多神教は批判されるべきだったのかについての説明もない。これでは、ムハンマドに不信感をもつ高校生が出るのではないだろうか。

そのあとの、イスラムの教えについて全般的に語る部分も、

- アッラーを、全知全能、唯一絶対の神であると信じ、偶像崇拝を厳しく禁じる。
- イスラムとは、アッラーに絶対的に服従するという意味である。
- ムハンマドは、モーセやイエスに続く、最後の預言者とされ、崇拝されるが、(イエスがキリスト教で「神(の子)」とみなされるのと異なり)人間として見られている。
- 六信(アッラー、天使、教典、預言者、来世、天命を信じること)と五行が信仰の中心になる。
- イスラムでは政治・経済など生活のあらゆる面と宗教が結びついている。

といったことのみである(これらの要素も各社ほぼ共通である)。キリスト教については愛、仏教については苦からの解放や慈悲という特徴が積極的に評価されているのに対して、イスラムについては、神にひたすら服従するという面や信者に数々の義務が課されているという面ばか

りがやたらと強調されているのである。これでは、日本の高校生たちは、なぜわざわざこのような宗教の信者になる人たちがいるのか、さっぱりわからないのではないか。

唯一、D社の教科書は、イスラムの教えを積極的に評価しているが、次のように、ユダヤ教を貶めることでそれをなそうとしており、新たな問題を作り出している。

「信者はみな兄弟である」といわれるように、同じ神への信仰に生きる人びとはたがいに平等な関係を結び、強固な共同体(ウンマ)を形成する。それは、選民思想にもとづくユダヤ共同体や「血のつながり」によるアラブ伝統の部族中心主義のような閉鎖的なものではない。

(『改訂版 高等学校 倫理』)

ユダヤ教＝選民思想＝閉鎖的という図式はキリスト教護教論に由来する解釈であるうえに(実際には古代ユダヤ教も他民族からの改宗を受け入れていた)、自分の家族に対する虐待が社会問題化している昨今、「血のつながり」を重視することがなぜいけないのか、これだけでは高校生に伝わらないであろう。

さらにいえば、キリスト教については、イエスや使徒パウロに続き、アウグスティヌスやトマス・アクィナスといった神学者・哲学者が肖像画つきで紹介されるのだが、イスラムの節に

てのみ，かなえられる。この愛はカリタス《caritas》とよばれる。神を愛し，神のためにすべての者を愛するという「愛の秩序」が，人間の行為の基準であり，徳の定義をなす。このように考えた彼は，パウロによって基礎づけられた**信仰・希望・愛をキリスト教の三元徳**とし，ギリシャの四元徳(→p.31)

アウグスティヌス
北アフリカのタガステに生まれる。青年時代，マニ教にひかれて入信するが，32歳のとき回心し，カトリックの信仰にしたがって生きることを決意する。以降，ヒッポの司祭・司教として教会の指導や研究，著述の日々をおくった。主著『告白』『神の国』。

トマス=アクィナス
スコラ哲学の完成者，神学者。イタリアのナポリ近郊の父の領地で生まれ育つ。ベネディクト会修道院で学んだのち，ナポリ大学に移り，アリストテレス哲学に接する。19歳のときドミニコ会に入会。その後，修道院やパリ大学で講義を行うかたわら，多くの著書をあらわした。主著『神学大全』。

の上位に位置づけた。また，歴史を，「神の国」と「地上の国」との戦いと見る独自の歴史観と恩寵《おんちょう》❶についての考え方から，歴史の終末に「神の国」の全貌《ぜんぼう》があらわれるとした。

13世紀ごろ，トマス=アクィナス《Thomas Aquinas》(1225？～74)はアリストテレス哲学の研究をふま

ような形にも偶像化され得ない。また，ラームにはイエス=キリストのようなり子」は存在せず，ムハンマドはモーどと同様に預言者《よげんしゃ》のひとりであり，最預言者であるとされている。

スラームの聖典の中心は，ムハンマドされた神の啓示《けいじ》である『クルアーン《al-Qur'ān》』ーラン』)と，ムハンマドのスンナ《sunna》（言である。ムスリムはこれらや，これらとづいて定められたイスラーム法を規範として日常生活を律《りっ》し，六《ろく》

ムスリムの礼拝（メッカのカーバ神殿）

アウグスティヌス 354～430
北アフリカのタガステ出身。19歳で哲学にめざめた。その後，マニ教に傾倒したが，失望に終わった。27歳のときミラノで修辞学教師となり，同地のキリスト教司教の影響を受け，他方で，プロティノスの新プラトン主義哲学に触発され，32歳のとき回心した。のちに北アフリカのヒッポの司教となり，カトリックの教義の確立につとめた。主著『告白』『神の国』。

スコラ哲学

中世には，西ヨーロッパの全体がローマ-カトリック教会の支配下にはいり，ローマ-カトリックの教義を，哲学を用いて体系化しようとする努力がなされた（「哲学は神学の侍女《じじょ》」）。当時の哲学は，教会や修道院に附属する学校（スコラ《schola》）で教授・学習されたため，**スコラ哲学**とよばれる。

最大のスコラ哲学者**トマス=アクィナス**《Thomas Aquinas》(1225ごろ～74)は，信仰は理性を破壊《はかい》するのではなく完成するという考え方にたって，信仰と理性の調和をはかり，アリストテレスの哲学を用いてキリスト教の信仰を体系的に説明しようとした。また彼は，世界は神の永遠の法によって支配されており，その法を人間が理性によってとらえたものが**自然法**であるとし，自然法を，人間が実践《じっせん》するさいの第一原理であり，人間社会の根本規範《きはん》であると考えた。

▲トマス=アクィナス

3 イスラーム

生活すべてが信仰のあかし

イスラームは，こんにち，全世界で10億人をこえる信者をもち，現代の政治や社会の動向にも深くかかわっている。イスラーム社会では，宗教と世俗がわけられず，一体となっており，日常生活から国家の政治にいたるまで，イスラームは信者の生活全体を律している。国際化がすすむ現代社会では，イスラームについて理解を深めることは，これまで以上に重要な意味をもっている。

▲砂漠で祈るムスリム　ムスリムは1日に5回（夜明け前・正午・午後・日没後・就寝時），聖地メッカに向かって礼拝をおこなう。サウジアラビア。

左上・中・下：『高等学校 新倫理 改訂版』，右上・下：『高校倫理』(下の図版は砂漠で集団で祈るムスリム)より．『新倫理』(左中)はトマス・アクィナスの肖像画を裏返してしまっている．

図 3-3

は、どの教科書でも、神学者・哲学者が出てこない。図版もカーバ神殿の巡礼風景などである(図3-3左下)。イスラムには偉大な思想家はおらず、信者は戒律を守るだけ、といわんばかりである。

ムハンマド以降の時代への言及がないというわけではない。だが、その内容は世界史の教科書と変わりなく、ウンマ(イスラム共同体)の拡大、カリフ制、イスラム文化のヨーロッパへの影響と続くだけで、やは

りイスラム思想の中身の紹介ではない(正確にいえば、世界史の教科書では、哲学者イブン・シーナーらの名前を出しており、少なくともイスラム教徒に著名な学者がいることがわかる)。科学や数学・哲学を中心とするイスラム文化のヨーロッパへの影響という事項に、言及している倫理教科書は多い。それが知的な特徴にみえるから、思想史の一環として倫理の教科書にもり込むのにふさわしいという判断があるのだろうと思われる。だが、ここには落とし穴がある。これは、西洋圏への貢献という面でしか、イスラムの歴史的意義を評価していないことになるからだ。執筆者や出版社はここでイスラムを学ぶ意義を示したつもりなのかもしれないが、イスラムそのものを評価しているというより、ルネッサンス文明に貢献したからイスラム文化は存在意義があったという書き方になっているのである。

イスラムへの偏見といえば、二〇〇一年同時多発テロ事件以降、「ジハード」の語の解釈がマスメディアでも取り上げられることがあった。臼杵陽《うすきあきら》氏、宮田律氏ら中東情勢の専門家たちによる、「ジハードは本来、単に努力するという意味であり、これを聖戦、つまり異教徒に対する軍事攻撃の正当化ととるのは曲解である。武力を使う場合も自衛のみが認められている」という指摘が目立っていた。イスラム教徒＝テロリストという偏見をなくそうとしてのことだった。現行の倫理教科書ではどうだろうか。各教科書の説明はこうなっている(D社はジハードへの言及がない)。

A社

イスラームを広める熱意は、異教徒への改宗のすすめや聖戦（**ジハード**）[1]として発揮されることとなった。

①アラビア語で「神のために奮闘努力する」の意。イスラーム世界の拡大と防衛のために異教徒と戦うことであるが、自己との闘いも意味する。ムスリムに課せられた義務である。

（『高等学校　新倫理　改訂版』）

B社

その（ウンマの）構成員には、神の定めた正義を拡大するよう努力すること（**ジハード**、聖戦）が義務として課された。

このような考えを背景に、ムハンマドの死後、歴代のカリフ（使徒の後継者）はウンマの拡大をもとめて聖戦をおこない、八世紀には……広大な地域を支配下におさめた。

（『倫理』）

C社
〔ムハンマドは〕信徒をひきいてメッカの氏族と戦い〈**聖戦**〈**ジハード**〉〉、メッカの奪回に成功し、そこを拠点として布教をおこなった。
（『高等学校 改訂版 倫理』）

E社
信仰とイスラーム共同体を防衛・拡大するためにたたかうこと〈**ジハード**〉*がイスラーム共同体に課せられた義務とされ、教団国家は、ムハンマドの死後、……領土を急速に拡大し……。

＊ジハード……「聖戦」と訳される。もともとは、神のために自己を犠牲にしてたたかうことを意味する。
（『高校倫理』）

F社
〔ムハンマドは〕メッカ側との何度かの戦い〈**ジハード、聖戦**〉ののち、六三〇年、ついにメッカを征服して、そこをイスラーム教の聖地とした。
（『倫理――現在を未来につなげる』）

このように、臼杵氏らの指摘が、多少なりとも反映されているのはA社のみであり、そのA社すらも、「イスラム教徒は義務として、異教徒を征服すべく戦う」という意味あいを残している。

世界史教科書ではジハードの語の扱いはさらに簡単である。「ムスリム〈イスラム教徒〉となったアラブ人は、アラビア半島をこえて征服活動（ジハード〈聖戦〉）にのりだした」（B社『世界史B』二〇〇七年）、「アラブ人はカリフの指導のもとに大規模な征服活動（ジハード〈聖戦〉）を開始し、東方ではササン朝をほろぼし」（G社『詳説　世界史B』二〇〇七年）、「こうした征服活動は、イスラーム教の教えを広めるための聖戦（**ジハード**）であるとともに」（H社『世界史B　改訂版』二〇〇八年）という調子である。E社は「ジハードとは」と二行ほどの補足説明をつけているが、それはまれな例である。現代社会の教科書では、現代のアル・カイーダが「イスラームの地から敵（アメリカ、イスラエルなど）を追い出すためには、**ジハード（聖戦）**をおこなう。自爆も辞さない」と表明したと書く教科書（C社『高等学校　改訂版　現代社会』二〇〇九年）があったが、ジハードの語に対する補足説明はない。

ジハードを全く武力攻撃に関係ないものと解説しても、それはそれで別の曲解になる。この問題は、今日、教科書はこの概念について二、三行の説明ですませず、また、武力をイスラムとのみ結びつけず、「テロや戦争を正当化する宗教がなぜ存在するのか」（武力にかかわった瞬間、それはもう宗教ではないといってよいのか）という根本的な問いに正面から取り組む必要があることを示唆していると思う。それはまさに倫理の教科書にうってつけの課題のはずだが、現行教科書は、慎重さを欠く従来の説明を踏襲しているだけである。キリスト教の十字軍や日本仏教の僧兵には触れもしないのに、イスラムについては二ページしかない中ですらジハードを取り上げる、しかもイスラム哲学より優先的にそうするというのは、これもまたダブル・スタンダードではないだろうか。

「神道」の語はタブーだが

最後に神道の扱われ方に注目したいのだが、日本の倫理教科書を外国人がみた場合、おそらくもっとも奇異に映るであろうことの一つは、ユダヤ教、キリスト教、イスラム、ヒンドゥー教、仏教、儒教・道教と続くのに、「神道」が出てこないことである。節の見出しにも、より小さな項の小見出しにも、「神道」の語が現れる教科書はない。なにしろ教科書以前に、学習指導要領の中で一回も使われていないのである。宗教の学習を充実させようという新学習指導要領でもこの点は変わっていない。学習指導要領解説でやっと一回、「原始神道」の語が使われるのみである。

多くの倫理教科書では、本文中にかろうじて一カ所か二カ所、「神道」の語が登場するが、それらは近世の国学の復古神道の文脈で、いきなり現れるのである。つまり、神道そのものを主題とし、「神道とは……という特徴のある宗教である」という説明をしている教科書は、少なくとも調べた六社のものの中には存在しない（E社は「古神道」の語を使用しているが、「神道」自体の説明がないのは他社と同様である）。日本の宗教は、A〜E社の教科書では「国際社会に生きる日本人としての自覚」を育てるという章で取り上げられるのだが、若者たちは、これらの教科書で学んでも、神道に関する説明能力を十分に身につけないまま終わるということになる。外国人に、神道とは何かときかれたら立ち往生してしまうだろう。

他教科ではどうか。中学の地理では、日本の伝統文化を取り上げることになっているので、各教科書に該当ページがある。内容は行事や祭り、地域による雑煮《ぞうに》の違いなどの食文化である。しかし、それらは神道や宗教・信仰という言葉とは全く関係づけられていない。「七五三で神社を訪れた家族」の写真、「八坂神社の「おけらまいり」にはじまり」と京都の一年の祭りを紹介する比較的詳しいコラムなどあるのだが、「神道」という言葉は出てこない。高校の地理教科書の宗教の取り上げ方は「世界の宗教」「民族紛争」中心なので、内容上、いっそう神道からは遠ざかっている。また、世界の宗教分布を示す世界地図は、中学・高校両方の地理教科書に載っている場合が多いが、凡例に「神道」が入っていることは少ない。

高校「日本史」の指導要領解説では、「神道」の語はゼロである。教科書でも、「仏教」の語が古代から盛んに出てくるのに対し、「神道」の語はやはり江戸時代の復古神道で初出、その後は明治時代の神道国教化の文脈で現れるのが通例である。古代の単元にも、新嘗祭《にいなめ》や天照《あまてらす》

氏神への初詣(千葉県市川市・葛飾八幡神社，荻原秀三郎氏撮影)

拝礼風景(東京都文京区・湯島天神)

鈴なりの絵馬(東京都文京区・湯島天神)

初詣(読売ニュース写真センター提供)

歴史の追究

日本人の信仰と生活

毎年，正月三が日には数千万もの人びとが，神社やお寺に初詣《はつもうで》に出かける。初詣にいったことがないという人の方がめずらしい。年の初めに神仏に向かって何事かを祈る初詣は，いつごろから始まったのだろうか。

初詣は，その土地土地の氏神《うじがみ》(産土神《うぶすながみ》)に参るのが古い形式で，現在でも村や町内の神社への参詣《さんけい》がおこなわれている。現代の都市民がおこなう初詣につながるのは，江戸時代に盛んになった恵方詣《えほうまいり》とされている。陰陽道《おんみょうどう》では，その年の徳神《とくしん》である年徳神《としとくしん》のいる方角を恵方とし，その恵方の神社に参詣すると万《ばん》事《じ》に吉《きち》とする。そこで人びとは，ご利益を求めて恵方の神社仏閣に殺到《さっとう》したのである。現在では，恵方とは関係なく，思い思いの寺社に参詣している。

神社などにいくと，大木や巨岩《きょがん》にしめ飾りしているのをみかける。これは，自然物を霊的存在とみて信仰対象にするアニミズムで，遠い祖先から受け継い

歴史の追究◆ 227

写真は氏神への初詣(千葉県・葛飾八幡神社)，湯島天神での拝礼風景や絵馬など，何教かと問われたら「神道」に属する習俗のものばかりだが，2ページにわたる文中で「神道」の語の使用は，「神道国教化政策」だけである．「陰陽道」「アニミズム」の語は使われている．コラム「日本人の信仰と生活」G社『新日本史』(2010年)より．

図 3-4

大神《おおみかみ》に対する信仰、出雲大社などの言葉はあるが、それらは「古墳時代の人々の暮らし」として紹介されており、神道の語は使用されていない。中世にかけての「神仏習合」は、神道と仏教ではなく神と仏の融合、あるいは神祇《じんぎ》信仰と仏教の融合として語られている。選択学習のコラムとして「日本人の信仰と生活」という二ページほどのコラムを設けている教科書が多いが、神社、地鎮祭、初詣、神事などの語が並んでも、「神道」の語はない。「仏教」はもちろん「陰《おん》陽道《みょうどう》」まで出てくるので、これはもう、意図的な排除とみるしかない（図3－4）。この特徴は中学の歴史教科書も同様である。

「神道」の語不在の原因として考えられるのは、一つには、神道は歴史上いつから始まるのか、民間信仰のどこからどこまでを指すのかが曖昧なことがある。日本史の教科書が神道の語を使わないのは、このように定義するのが難しいということや、日本史を通史的に語る分には、「神道とは」と正面から説明しないでも凌げるということが大きいだろう。

だが、諸宗教を一つ一つ概説するスタイルの倫理教科書でも出てこないとなると、原因はそれだけとはいえないのではないか。やはり大きいのは、戦後、神道を教えることが文部省でも教育界でもタブーとなってきたことである。市販されている一般の宗教入門書は、神道を宗教の一つ、しかも日本の土着の宗教として取り上げているものが多い。したがって戦後の日本社会が神道を忘れたわけではない。明らかに公教育で神道の語を使うことが敬遠されているのである。「国学」は学習指導要領でも教科書でも大きく取り上げられているので、国粋主義的な発想が危険視されているからというわけでは必ずしもないようだ。単に「神道」という語がタブーなのである。

言葉がないといっても、「神道」という語が通常指し示すものについての記述が全くないというわけではない。多くの入門書にみられる神道の説明文に該当するものは、倫理教科書では、「国際社会に生きる日本人としての自覚」という章の最初の部分、「日本の風土と人々の考え方」(A社)、「日本人の精神風土」(B社)、「日本の風土と伝統」(C社)、「日本の風土と社会」(D社)、「古代日本人の思想」(E社)、「日本人の原質」(F社)という節の中にみられる。これらの節は、E社を除き、和辻哲郎の風土論、すなわち「戦闘的な砂漠気候の民族」「受容的なモンスーン気候の民族」という類型論から始まっている。そしてその後、八百万《やおよろず》の神々や記紀神話、現在に至る禊《みそ》ぎや祓《はら》いの儀礼についても説明がなされている。

だが、これらの教科書は、E社の節の見出しが象徴しているように、昔の神道を宗教というよりも「思想」「考え方」として語ろうとしているところが特徴的である。これは、学習指導要領の次の表現を反映している。

ウ　国際社会に生きる日本人としての自覚

日本人にみられる人間観、自然観、宗教観などの特質について、我が国の風土や伝統、外来思想の受容に触れながら、自己とのかかわりにおいて理解させ、国際社会に生きる主体性のある日本人としての在り方生き方について自覚を深めさせる。

（内容の取扱い）

ウについては、古来の日本人の考え方や代表的な日本の先哲の思想を手掛かりにして、自己の課題として学習させること。

（傍点筆者）

ご覧のように、学習対象は、「日本人の宗教」そのものではなく、宗教観（宗教に対する見方）であり、それはまた考え方であると置きなおされている。

つまり、倫理の教科書であるため、神道も哲学・思想の体裁をとっていないと具合が悪いということであろうか（もっとも、イスラムが哲学よりも儀礼や戒律の面から語られていることをみると、一貫性のない方針なのだが）。神道には、教えを説くような特定の開祖がおらず、祭祀がその中心であるといわれてきた。教科書はそのような神道の祭祀や慣習も、「思想」の表現形態として位置づけている。その結果、「生きた神道」（生活の中の神道）に流れる漠とした観念的部分が、無理やり実体化されることになる。そのために使用されている言葉の一つが、「アニミズム」である。

C社

雷や稲妻、海や山、風などに加え、巨木や巨石または特定の動物なども、霊力をそなえたものとして信仰の対象とされた。このような古代の信仰は、一般に**アニミズム**とよばれる。

（『高等学校　改訂版　倫理』）

E社

列島の古代の人々は、すべての自然のなかに霊魂の存在を認める**アニミズム**の信仰をもっていた。

（『高校倫理』）

A社、B社の教科書は注でアニミズムを説明している。

この「アニミズム」という言葉は、一九世紀のイギリスの人類学者、E・B・タイラーが広めた学術用語である。タイラーや当時の学者たちは、この語を、神観念が発生する前の原始（〝未開〟）の文化に存在する、未発達の宗教の形態としてとらえた。「未開人」は、自然物に霊魂が宿ると錯覚したのだとし、その非科学的思考をよぶのにこの語を使ったのである。

そのため、二〇世紀後半には、学界では「アニミズム」は差別語とみなされ、批判されるようになった。たとえば一九九五年に出版された、アメリカ宗教学会制作の宗教学事典では、「アニミズム(animism)」は次のように説明されている。

自然現象が霊魂をもつと信じているようにみえる、伝統的民族の信仰体系を記述するのに使われた、時代後れの語。イギリスの人類学者、E・B・タイラーが一八七一年に導入した。この語を比較のために通文化的なタームとして使ったり、宗教の発展段階を指すために使ったりするのは要注意である。

(Jonathan Smith ed., American Academy of Religion, *The HarperCollins Dictionary of Religion*, Harper, San Francisco, 1995)

日本では、一九八〇年代ごろのポストモダン的流行の中で、主として日本人論において「アニミズム」の語がポジティブな意味で使われるようになり、その用法は今日まで続いている。C社、E社等の文章はこれを反映しているのだろうと思うが、この語については海外とは認識にギャップのある可能性がある。神道のカミの観念がアニミズム説の霊魂観と全く同じかについても異論がある。

中学の地理でも「アニミズム」の語を出している教科書(I社)がある。

「八百万の神」というように、日本人の信仰には、古くからある**自然崇拝**(アニミズム)があります。……日本では、自然崇拝や祖先信仰、農耕とかかわる信仰が、**仏教**や**神道**などと結びついて、独自の宗教や儀式や祭りをつくってきました。

(『中学社会　地理』二〇〇六年)

アニミズムに言及するだけでなく、神道の語を太字にしているまれなケースなのだが、この教科書は、両者を別物として示している。仏教が大陸から伝来したことは中学でも学ぶが、この書き方だと、神道はどこからふってわいたのか？　となってしまう。他方、倫理や日本史の教科書では、アニミズムと神道は同じなのか別なのかもわからない。「神道」の語をどう定義するかについて、教科書制作者の間で全く共通了解がないことが窺われる。

さらに倫理教科書では、思想・考え方に加えて、「倫理観」として神道が語られる節もある。どの教科書でも言及しているのは「清明心」(清き明《あか》き心)である。教科書によって若干定義に違いはあるが、心が純粋で清いこと、正直さを指す。日本文化や日本人の気質は独特だという、いわゆる日本人論・日本文化論の文脈で、日本人の美徳の例として取り上げられ、教科書によってはかなり大きなスペースをあてがわれている。

特定の気質を日本人共通のものとし、伝統的な美徳として礼賛することが、ただちにナショナリズムに結びつくというわけではない(そしてまた、ナショナリズムはすべて悪と断じることもできない)。だが、すべてが「事実である」調で書かれているところは、公教育の教科書として適切なのかどうか疑問をもってよいのではないか。たとえば「清明心」については次のような説明が数社の教科書でなされている。

B社

いまでも日本人は、道徳的に悪いことを「きたない」と表現し、善いことを「きれい」と表現することがあるが、古来より日本人は、心が純粋で清いことを尊び、暗く濁ることを嫌ってきた。

(『倫理』)

C社

今日でも私たちは、約束を破ったり人の信頼をうらぎる行為を「きたない行為」または「みにくい行為」とよび、献身的に他者のために尽くす行為を美談とか美しい心のもち主というように、美的な感覚で表現することがある。

(『高等学校　改訂版　倫理』)

英語の辞書を引くまでもなく、「クリーンな選挙」などと日本でもいうように、英語の“clean”と“dirty”が、道徳的によい行為、悪い行為を形容することはきわめてありふれている。なぜこのような単純な事実を無視した、極端な日本人と外国人の対比が、教科書において断定調で語られるのだろうか。「美しい心」に至っては、“Beautiful Mind”という映画のタイトルもあるし、“Most Beautiful Heart”という古い物語もある(グーグルで検索すると、“beautiful mind”で一五〇万件以上、“beautiful heart”で三〇万件以上ヒットする)。

問題は教科書だけではない

以上にあげてきたような問題は、日本人が書いた市販の入門書にもみられる。そのような一般書は、教科書ほどの制約がないため、たとえばキリスト教であれば、水をぶどう酒に変えた、病人を癒したといったイエスの奇跡物語も入れている。そのため、教科書よりは宗教の多様な面をもり込んでいるようにみえる。

ところが、外国で出版される入門書に比べると、やはり違いが見えてくる。前掲のアメリカ、ファクツ・オン・ファイル社刊「シリーズ世界の宗教」の『キリスト教』の巻には、「イエス――苦難のしもべ」という節があるが、日本の出版物では、イエスを説明するときに、この「苦難」という語は使わない入門書が多いようだ。本書を執筆するにあたって(二〇〇九年)、インターネット通販「アマゾン」で売上げ上位にランクインしていた宗教入門書、『図解宗教史』(成美堂出版)、『知識ゼロからの世界の三大宗教入門』(幻冬舎)、『常識として知っておきたい世界三大宗教』(河出書房新社)などを片端から調べたが、なかなか出てこない。小室直樹『日本人のための宗教原論』(徳間書店)には「苦難の僕」という語が節の見出しになっているのを発見したが、氏の門下の橋爪大三郎氏の『世界が分かる宗教社会学入門』(筑摩書房)では消えていた。

これについては、教科書もみなそうなのだ。「苦難」や「苦」は仏教やユダヤ教用の言葉で、キリスト教のものではないという扱いなのである。キリスト教のキーワードは愛だから、苦と反対だといわんばかりに。

しかし、クリスチャンにとっては、『パッション』("The Passion of the Christ")という映画が象徴しているように、イエスの生涯を語るうえでこの語は中心的である。日本の教科書で学んだ高校生は、この「パッション」を受難ではなく「情熱的な愛」と訳してしまうのではないだろうか。

そのうえ、一般書のほうが、大胆な図式化や表現を入れることもあり、ステレオタイプが強化されているものも見受けられる。たとえば『図解宗教史』(成美堂出版)はユダヤ教とイエスの教えを表の形で正反対のものとしてまとめている。大きな矢印が五つつけられ、ユダヤ教は律法主義で、選民思想で、特定の人々を蔑視し、憎み、復讐を肯定すると、これ以上ないというほどユダヤ教を〝欠陥宗教〟として強調している(図3－5)。『知識ゼロからの世界の三大宗教

イエスの教え		ユダヤ教
形式的な律法より心を重視せよと批判	⟷	律法主義《りっぽうしゅぎ》……律法の遵守
民族の違いを超え、病人、罪人などすべての人を救済する	⟷	選民思想……自分たちは神に選ばれた民である 蔑視《べっし》の対象……病人、罪人、サマリア人、ローマ人、徴税人、売春婦
原罪思想にもとづいて姦淫した者をとがめる者を批判	⟷	姦淫《かんいん》はもっとも重い罪
「敵味方なく隣人を愛せ」	⟷	愛《あい》憎《ぞう》……「隣人を愛し、敵を憎め」
復讐の禁止……「右の頬を打たれたら左の頬を出せ」	⟷	復讐……「目には目、歯には歯」 （『旧約聖書』「出エジプト記」21章24節）

『図解宗教史』(成美堂出版, 2008年)より.

図 3-5

入門』(幻冬舎)では「ユダヤの教えを世界宗教へと発展させたイエスの革新的教義」が、キリスト教の教義を紹介する節の見出しである。「民族宗教」と「世界宗教」を対比し、後者のほうを当然のように優れているとする記述もポピュラーなものである。

こういった例をみていると、どうも日本には、「諸宗教をわかりやすく説明する」とは、「ユダヤ教とキリスト教はこんなに違う」「キリスト教と仏教はこんなに違う」と、ひたすら対比することだという暗黙の了解があるのかと思うほどである。「正解」を一つにしたい傾向のある教科書ではなおのこと、各宗教と各キーワードは一対一対応になってしまうのだろう。

先述のように、イギリスの宗教科教科書はそのような対比や分類をしない。各宗教の聖典は何かとか、人間の誕生をどう説明しているかとか、悪をどう説明しているかとか、何らかの事項に関する各宗教の該当要素や見解を並べるという形である。生徒に対する課題として「二つの宗教伝統を選び、共通点と違いを探してみよう」と促すことはあるが、教科書が率先して矢印を引くようなことはしない。

トルコの宗教科教科書(国民教育省出版、第八学年用)にも、世界の諸宗教(主にヒンドゥー教、仏教、ユダヤ教、キリスト教、イスラム)の概論が出てくるが、同じスタイルである。それぞれの聖典は何か、主な儀礼は何かといったことから始まり、共通する教えとして、「正しさ」「清潔」「善行」などを、各宗教ではどう説いているかを次々と並べている。「○○教と○○教は対照的だ」などという記述はない。

他国の一般書はどうかというと、英語圏でロングセラーを誇り、日本語にも訳されている、カレン・アームストロング『神の歴史』(Karen Armstrong, *A History of God: From Abraham to the Present: the 4000-year Quest for God*, Heinemann, London, 1993)は、三つの唯一神教を中心に世界宗教史を概説しているが、やはり対比するよりも共通性を強調する傾向がある。

ひじょうに大きな主題なので、私はここでは意図的にユダヤ教徒、キリスト教徒、イスラームによって礼拝されている「唯一の神」に限定した。もっとも、私は時として、唯一神論の論点を明らかにするために、究極的リアリティーについて、異教の、とりわけヒンドゥー教および仏教の諸概念を考察しはしたが。その〔＝唯一神教の〕神の理念は、きわめて独特に〔＝唯一神教の伝統からは独立して〕発達した諸宗教における神の諸理念に驚くほど近いように思われる。

（『神の歴史』高尾利数訳、柏書房、一九九六年）

同じく、英語圏内はもちろんのこと、その外でも幅広い読者に親しまれてきた、神話学者ジョセフ・キャンベル（『千の顔をもつ英雄』など）や宗教学者ミルチャ・エリアーデの世界宗教概論の数々の書は、神話を含む世界の諸宗教の本質的同質性、言い換えれば宗教的シンボルやモチーフの普遍性を論じている。

日本の対比型の説明に慣れていると、イギリスやトルコの教科書については、「違いも書いてほしい」と物足りなさを感じるかもしれない。キャンベルやエリアーデに対しては、差異を無視しているという批判の声も国際学界では大きい。もちろん、一般論としては、相違点も共通点も両方示すのが「比較」ではある。だが、対比するという行為が、序列化・ステレオタイプ化という差別的権力の発揮になりやすいということに、あまりに無自覚な教科書や入門書が日本で出回っているのは問題ではないだろうか。もともと整理のための「方便」にすぎなかったものが、「事実」としてひとり歩きし、私たちの宗教の見方を硬直化させているのである。

4章 なぜ偏見・差別が見逃されてきたのか

なぜ先入観をただすべき教科書に、これだけの宗教差別や偏見を促すような記述が入り込んでしまったのか。また、なぜこういった問題が今まで放置されてきたのだろうか。筆者のみるところ、原因は教科書執筆者の問題、教科書制作のしくみやそれに影響を与えるものの問題などにわたっている。

出典はひと昔前の神学書？

まず大きな原因として考えられるのは、教科書執筆者の参考にしてきた資料が、ひと昔前の護教的な神学書なのではないかということだ。宗教学者には、大別して、信仰の立場から研究する者（神学者や宗学者）と、信仰とは切り離して客観的に研究する者がいる（そのような宗教学者も、あらゆる価値前提を離れているわけではないが）。公立校でも用いる教科書は、後者の学者による文献をもとにすべきなのだが、そこには問題がある。そのような学者は往々にして細分化された分野を専門としており、イエスやブッダの専門家というわけではないこと、そういった諸宗教の基礎的部分の研究は、信仰の立場からのものが多いことである。つまり、キリスト教でいうなら、聖書はどういう書であるか、イエスは何者であったかを研究する人は、自身がキリスト教を信仰している人であることが多いのである。したがって、学校教科書が対象とするような、イエスやブッダの「人と思想」的情報は、そのような人たちが書いたものを参考にすることになる。

それならば、対象とする宗教に肩入れした説がそのまま出てきても不思議はない。「教科書を執筆する人たちは、その科目の分野の専門家のはずではないか」「イエスやブッダに関する客観的基礎知識など当然もっているだろう」と読者は思うかもしれないが、そうではないのだ。執筆者自身の研究上の専門は狭いので、基礎的な大きな問題になるほど、自力ではなかなか判断できないのである。

しかしさらに重要なのは、前述のように、今では神学の内部で、キリスト教のユダヤ教に対する勝利主義史観に反省が起こっており、そのことは外国では公教育にもとうに反映されているということだ。日本の仏教学内部でも、大乗仏教や鎌倉仏教の位置づけに関しては見直しが起こっている(歴史学者黒田俊雄氏の顕密体制論、歴史学者平雅行氏の影響など)。つまり、神学書を参考にしたとしても、新しいものであれば問題はかなり減るはずなのだが、日本の教科書の宗教に関する記述は、ひと昔前からあまり変わっていないのである。

もちろん、宗教に関係のない、他の事項に関しても、教科書が常に最新の学説を取り入れているかというとそんなことはない。とくに倫理教科書の歴史関連の情報更新は遅れがちのようで、日本史教科書では〝消えた〟と話題になった「聖徳太子」は従来のままである。現行の日本史教科書は、ほとんどが「厩戸王《うまやどのおう》（聖徳太子）」の表記だが、倫理教科書は「聖徳太子」のみ、しかも別人物だと歴史学界では指摘されている著名な肖像画が、依然として「聖徳太子」像として掲載されている教科書もある。本書がここまでに指摘してきた問題は、単に解釈が古いというだけでなく、ユダヤ教徒やヒンドゥー教徒、上座部仏教徒らを傷つける可能性があったり、十分な比較抜きに、仏教は（アジアは／日本は）独特だ、西洋と正反対だと生徒たちに思い込ませたりと、まさに教育上は、優先的に検討されてしかるべきものである。

先行する教室内の多文化化

問題がこれまで気づかれなかったもう一つの原因は、日本の教科書は日本人しか読まない、その中には神道や大乗仏教、キリスト教の信仰をもっている人はいても、それ以外はいないという不問の前提があったことがある。教科書の中では「多文化主義」の必要性を説いているのに、教科書自体が多様な宗教という「外の目」をほとんど意識してこなかったのである。

だが、現在では学校現場はだいぶ変化している。筆者は二〇〇九年に、教科書改訂にかかわることになった際、実際に宗教がどのように教えられ、教科書はどう使われているのか知りたいと思い、東京のいくつかの高校を訪ねた。都内では全日制よりも定時制で、より多文化化・多宗教化が進んでいる。外国人労働者が増え、その子どもたちの多くが通っているためである。

そのような定時制高校の一つで耳にしたことだが、「倫理」の授業で、教科書にそって仏教の説明をしたところ、授業が終わってから、タイ人の生徒が「タイで習ったことと違うんですけど」と教員に言いにきたという。ブッダの誕生前後から始まる原始仏教の中心部分、大乗仏教が分派する前の内容についてである。つまり、授業でなされたのは、〝基礎中の基礎〟としての仏教入門のはずである。それがタイ人の仏教徒に「違う」と言われてしまった。本書でここまでたびたびタイの仏教教科書と、日本の教科書を比較してきたが、確かに仏教観がだいぶ違うのである。

日本の学校なのだから、日本人の仏教観を教えてもさしつかえない、タイに合わせる必要はないとの意見もあるかもしれないが、そもそもそれほど違うのだということを、教える側は知らないのである。日本の教科書は、外部から遮断された中で、独自の基準で宗教を語り続けてきたといわざるをえない。

また、他の都立高校(全日制)では、英語の教師にイスラム教徒の女性がいるようだという話を、公民の先生からうかがった。「いつもスカーフを被っているから、たぶんムスリム(イスラム教徒)だと思う」とおっしゃるのだが、こちらはムスリムの先生がスカーフ姿で授業をしているケースが身近にあること以上に、その公民の先生が、同僚の先生に直接確認したことがないことに驚いた。個人の信仰をきくと、プライバシーの侵害になるという配慮なのだろうが、しかし「授業でイスラムを教えている先生がなぜそこまで遠慮するのか?」「ゲストとして招けば授業が盛り上がるだろうに」と思ってしまった。

先に、現代社会の教科書の宗教について書かれている箇所は倫理のダイジェスト版だと述べたが、圧縮するからか、ときどき思いきりのよい表現がある。ある教科書のイスラムの説明には、信者は定刻がくると「どこにいようが、何をしていようが祈りをささげる」という一文があった。その高校の生徒たちは、スカーフ姿の英語の先生をムスリムと知ってふだんから眺めていれば、その一文がいかに誇張であるかがわかるだろう。

教科書制作のしくみ

そうなると、教科書検定はいったい何をしているのかということにもなる。検定で修正を求められるのはどのような点なのだろうか。筆者がかかわる出版社では、倫理の教科書については、宗教関係で次のような指摘がなされたという(太字が検定意見、「 」内が筆者の補足説明)。

- シュードラ(奴隷)ならびにカースト制度に関する脚注→**カースト制度について理解しがたい**

表現である「「奴隷」という表現が不適切であるということ、また、カースト制の説明が不適切ということ」。

- ゴータマ＝シッダルタ→**不正確な呼称である**「サンスクリットでは「シッダールタ」、パーリ語（原始仏教・上座部仏教の仏典で主に用いられた言語）では「シッダッタ」であり、学術的にはともに許されているので、長音記号を入れればOKだったのだろうが、教科書は「シッダッタ」のほうに修正した。検定意見書は、「正解」は示さず、「誤っている」「不適切である」と指摘するだけである」。
- 日蓮の教えには、唱題という行を重視する点で、道元と共通するところがあった→**道元が日蓮と同じ程度に唱題を重視しているかのように誤解するおそれのある表現である**。

ほかに誤字の類の指摘もあるのだが、検定の役割とは何なのかを考えさせられる。文科省の検定基準（高等学校教科用図書検定基準）には、教科書が学習指導要領に従っているかということのほか、宗教に関しては、

政治や宗教の扱いは公正であり、特定の政党や宗派又はその主義や信条に偏っていたり、それらを非難していたりするところはないこと。

と大きく掲げられている。それにもかかわらず、検定を通過した教科書がどうなっているかは、本書でここまで論じてきたとおりである。

どうも検定では、妙にこだわる箇所とこだわらない箇所があるのだと、教科書改訂に参加するうちにわかってきた。たとえば、「キリスト教の開祖はイエスである」と書いてはいけないと教科書会社の編集者からいわれた。イエス自身はユダヤ教徒であり、キリスト教という宗教はその死後始まったものだからである。過去の検定で問題になったのだろう。それはたしかに歴史的には正確なのだが、イスラムの開祖はムハンマド、仏教の開祖はブッダ、と続くのに、キリスト教だけ誰が始めたのかが書かれていないという、高校生からみたらおそらく不思議な状態になっているのである。また、厳密にいえば、仏教という言葉も、ブッダの生存中にブッダが使ったわけではない。こだわり方が中途半端で、わかりにくさを生み出している。

他方、日本史教科書の検定ではあれだけこだわる問題が、倫理教科書では、目を疑うほど無防備に書かれていたりする。その最たるものは次の箇所である。最終章「現代の諸課題の倫理」、最終節「人類の福祉と平和の課題」の最後の項である。

◇人類の福祉を求めて

「侵略戦争」をひきおこした過去の歴史の苦い経験をふまえて、日本は、近隣アジアの諸国民との間に相互理解にもとづく信頼関係を確立していく必要がある。……

（『高校倫理』）

念のために添えれば、この項目の前は「相互理解とユネスコ憲章」であり、第二次世界大戦については、ユネスコ憲章で批判されたと書かれているだけである。つまり第二次世界大戦の歴史的経緯や日本のかかわり方についての解釈はいっさい示されていない。そういった説明もなにもなしに、新しい項の冒頭で、いきなり「侵略戦争」と一言で総括しているのである。これは教科書会社の英断なのか見落としなのか。

この最終章最終節は、締めくくりということもあってか、どの教科書でも大胆な「こうせよ、ああせよ」「こうすべき、ああすべき」調が目立つ。その中でも筆者が、よく検定を通ったものだと驚いたのは、B社の次の結びである。

◇人類にとって「豊かさ」とは——人類の福祉を考える

このような状況のもとで、発展途上国に対する先進諸国の援助や開発協力のあり方を問いなおしてみるのも大切である。それらは**物質的な**「**豊かさ**」に向けて、ますます人々を市場のシステムにくみ入れる役割をはたしてはいないだろうか。物質や資金の供与が、「与える側」と「与えられる側」の不均衡を生じさせてはいないだろうか。……

実際、物質的な「豊かさ」と「貧しさ」が、人々の生にとって普遍的な価値基準となるのは近代以降のことである。市場原理があらゆる社会関係に浸透していくとき、それまで「汚らわしい吝嗇《りんしょく》」ともみなされた経済的な富の追求が、一方的に肯定されるべき価値となっていった。そしてその裏面として、経済的な価値には必ずしも還元できない文化的、社会的な営みが、ただ物質的な「豊かさ」と「貧しさ」という尺度で測られるようになった。この価値基準を変えていくには、**「豊かさ」のあり方**そのものを変え、市場原理とは矛盾する多様な価値にも開かれた社会を構築していく道筋を探らねばならない。

（『倫理』）

日本経団連からB社にクレームが来ていないかと心配になるほど、大胆な意見表明である。他方、高校生の就職内定率が過去最大の落ち幅だとニュースになるような状況で、したくても就職できない若者たちは、この中の「汚らわしい吝嗇」という言葉をどう受け取るのだろうかとも思う。

もちろん、左寄りの教科書もあれば、右寄りの教科書もあるというのは「言論の自由」の範囲といえるが、同じ教科書でも、章が変わると振り子が左右にいきなり振れるというのには戸惑わせられる。倫理の教科書は他の教科よりも価値にかかわる部分が多いためか、この特徴が著しいようにみえるが、その一因は分担執筆という体制にあると考えられる。

どの教科書も、巻末をみると、五名以上の執筆者がいることになっている。私の経験から推測するに、どの教科書でも、全体を通しての監修者的な執筆者は設けられているのだろうと思うが、基本的に分担執筆であり、お互いに干渉することはあまりない。原稿に意見・注文をつけてくるのは、他の執筆者ではなく、編集委員や協力者である高校教員や、出版社の編集部である。そのような状態だから、執筆者が高名な学者であるほど、遠慮もはたらくのではないかと思う。その結果、「執筆者の意見」的な思い切りのよい文章が並ぶことにもなるのだろう。

首尾一貫性の欠如はまた、「切り貼り作業」の集積として教科書ができあがってくるというところにも原因があるようだ。たとえば、三大宗教の説明のところであれば、キリスト教、イスラム、仏教のそれぞれの説明について、執筆者は異なる複数の資料を参考にしながら書き上げていく。できあがったものに、編集委員や編集者が意見を出し、その部分を修正する。さらに文科省から出た検定意見を受けて、その部分を修正する。しかも、教科書は、改訂ごとに全部新しく書き下ろすのではなく、それまで使われていた文章を基本とし、それに「上書きしていく」という形で改めるのが普通のようである。改訂のときに担当者が代われば、自分が書いたものではない文章に「上書き」することになる。これらの作業を何度も繰り返していくうちに、元の文脈は寸断され、キマイラ状になっていくのである。文章はわかりにくくなるし、書き手の元の意図が隠れてしまうので、何をねらっての価値判断なのかがわかりにくくなり、前後の整合性もおかしくなる。

筆者の教える学生の中に、「偶像崇拝の禁止」はイスラムのみの特徴だと思い込んでいる人たちがいて、ユダヤ教でもキリスト教でも神を像に刻んではいけないのに、なぜそう思い込んでいるのかと常々疑問だったが、教科書制作の現場を知ることで原因がわかった。教科書ではユダヤ教・キリスト教の説明、イスラムの説明をおそらくそれぞれ別の本（あるいは同一の本でも別の著者が書いた部分）からひっぱってくるために、唯一神教の共通特徴に関する整合的な説明が不足しているのである。「偶像崇拝の禁止」だけでなく、そもそも「一神教」という言葉が、ユダヤ教やキリスト教の節の本文では全く使われず、イスラムの節に入っていきなり登場するといった具合なのである。こういったことも、検定ではノーマークである。

センター試験の出題傾向

これらのさまざまな問題がみえてくると、教科書本文を完全に新しく書きなおしたくなるのだが、そういったことをいうと、教科書会社はあまりいい顔をしない。出版社としては、自社の教科書の採択数を増やさなければならない。そして、採択を決めるのは現場の教員である（高校の教科書は中学までと異なり、広域採択制ではなく学校ごとに採択するため、多くは該当授業を担当する教員の裁量により決まる）。したがって、出版社にとって、自社の教科書に対する高校教員からの評価はなによりも重要な情報である。もしアンケートにより、現行の教科書の記述、たとえばイエスの生涯に関する記述に満足している教員が多いという結果が出たならば、その部分は変えないほうが安全だと出版社は判断する。かりに出版社を説得できたとしても、高校教員側の認識が変わらなければ、教科書を改めても採択されないだろう。

さらなる関門は大学入試センター試験である。センター試験の出題者がキリスト教勝利主義史観をもっていたら、それに合わせた現行の教科書のほうに、センター試験の「正解」が載っていることになる。高校教員も、センター試験と齟齬のない教科書を選ぶだろう。では、センター試験の出題は、実際どうなっているのだろうか。

センター試験の「倫理」は、大きく五問（年によっては四問）構成で、宗教関係の質問が出されるのは、主として第二問と第三問である。第二問は教科書の第二章に該当し、ギリシャ哲学、三大宗教、中国哲学の内容、第三問は第三章に該当し、日本思想の内容である。いずれもまず一〇〇〇字程度の問題文があり、それを読んだうえでいくつかの小問に答える形になっている。

センター試験は日本の学校教育を暗記中心にする張本人だとよくいわれるが、倫理の試験は、社会科の他科目に比べると、暗記力のみを問う出題は少ないほうである。純粋に読解力のみを問う問題、すなわち予備知識ゼロでも文章を理解できれば解けてしまう問題もある。たとえば、二〇〇七年度の第三問は「日本人は、伝統的に「和」を重んじてきた」と始まり、一見よくある日本人論調だが、実はひねりがあるという問題文だった。しかし、出題のうち、「十七条憲法」の「和をもって貴しとし」の意味を問うものは、読めば答えられるものだった。なにしろ、その部分の引用が四行もあり、難解な言葉には現代語訳がつけられ、さらに問題文中には解説めいたものもあるのだ。

他方、比較的シンプルな暗記型設問としては、仏教の「四諦《したい》」の意味を理解しているかを確認する問題、栄西の思想をキーワードを手掛かりに選ばせる問題、空所に「十戒」と入れさせる問題などがある。イスラムに関しても過去一〇年分をみる限りでは毎回出題がある。

これら、その場で解けるような読解問題や単語とか思想の知識問題でない出題は、では何を問うかというと、一言でいえば「なぜ」である。つまり、ある哲学者や宗教家はなぜその思想を説いたのか、なぜそれが注目に値するのかという、(歴史的)意義や位置づけに関する問題である。そこで前述の勝利主義史観的解釈が、いやおうなしに出てきてしまうのだ。というのも、センター試験でも、三大宗教は宗教としてではなく、ソクラテスやアリストテレスと同じような「偉大な先哲」の思想として扱われる。非常に革新的なことを説いた人たちという面が強調されるのである。

たとえば、ムハンマドが多神教である部族宗教と対立したのはなぜかという出題がある。あるいは、小問で直接問わなくても、問題文が「この先哲はこういう状況・理由で、つまり必然性があってこう説いた」という語り口になっていたりする。二〇一〇年度の問題文では、イスラムが広まったのは、「社会的弱者を救済し」たからだ、つまり部族宗教は弱者を保護しなかったのだと書かれている。さすがにユダヤ教を露骨に非難しているような文章は見当たらないが、次のキリスト教に関する四択などは、キリスト教とユダヤ教をはっきり対比する学び方がしみついている場合のみ、迷うことなく「正解」を選べるようになっている。

①律法を知らない異邦人に対しても、回心を促し、預言者によって新しくされた律法に生きる喜びを伝道する生き方

②過去のパリサイ派としての生き方を悔い改め、自ら罪を贖《あがな》うことで、将来は救われるという希望にあふれた生き方

③律法を守ることができない者であっても、罪を赦す神の愛を信じることによって、互いに相手を大切にする生き方

④罪人を排除するのではなく、憐れみの心をもって接し、律法的に正しい者へと成長を促

す、教父にふさわしい生き方
正解は、律法遵守を否定し、神の愛と隣人愛をそれに対置する③である。だが、前掲のドイツのカトリック教科書や、アメリカのキリスト教入門書のように、イエスを「新しい律法の授与者」という表現でとらえている人たちにとっては、①もかなり有力な選択肢であろう。この出題は、使徒パウロがイエスの福音の中に見出した「新しい生」とは何かという、「信仰義認説」に関する出題であるため、とくに律法を一面的に否定する書き方になるのは一理あるともいえる。それでも、イエスの教えを「新しい律法」と表現することはできるのだから、①をはっきり否定するには、イエスが神の子ではなく「預言者」と表記されているという点を根拠にするくらいしかない。
「神道」の語に対する〝タブー〟は、センター試験には及んでいないようである。二〇〇九年度の出題に、「神仏習合」に関するものがあったのだが、「神道と仏教が重なり合うことを意味し」(傍点筆者)とあっさり定義してしまっている。日本史の教科書執筆者も、倫理の教科書執筆者も、あれだけ徹底して神道という言葉を使わずに説明してきた用語を、である。
センター試験と教科書は「鶏と卵」のような関係で、ある教科書だけが取り上げていた事がらやキーワードが、センター試験で出題されると、他の教科書もこぞってそれを載せるようなことはよく起こるという。今回の改訂で筆者がもっとも徒労感を覚えたことは、出版社から最初に「高校生が一人で読んでわかる文章に」と言われて、それにしたがって原稿を書いた後に、もとに戻されてしまったことである。

それまで仏教の節などは、二字熟語、四字熟語の羅列といった体裁で、すでに仏教の教養を知っている人なら理解できても、はじめて学ぶ高校生にはとても不親切なものだった。そこで、熟語はいくつか注にまわし、話の筋が通るような文章に全面的に改めた。ところが、そこからまた逆戻りしてしまったのは、二〇一二年度の大学入試センター試験から、「倫理、政治・経済」という新科目が加わることがわかったためである。これを受けて、「倫理」をセンター試験の受験用に開講する高校が増えるだろうというのが出版社の読みである。そうなると、センター試験に合った教科書が採用されやすくなるが、それは試験に出そうな用語をできる限り本文中に詰め込んだ教科書なのだそうだ。「用語を注にまわしてしまうと、生徒が重要じゃないと思って覚えてくれないので困る、と先生方がおっしゃるんですよ」と編集者が言うのである。体裁だけでなく、四択・五択問題にしやすい、一対一対応的な整理をした教科書が求められていくのだろう。

誰も が無関心?

教科書の偏見が見逃されてきた原因をより広くとらえれば、「関心のなさ」という問題があるかもしれない。とくに本書で集中的に取り上げた「倫理」という教科については、教科書にぴったりそって教える教員は多くないという現場の声があった(その一方で、「今の高校生は学力不足で文章を読むこともままならないから」という理由で、倫理の授業では教科書を一文一文音読させている教員もいたが)。そういうことでは、まず、教える教員の関心があまり高くないのかもしれない。

次に、アカデミズムの中にいる宗教学者の問題がある。先にも触れたが、宗教学者は、専門の細分化度が高く、キリスト教や仏教を総体としてどう語るかといったことにはあまり取り組んでこなかった(研究対象が、「○世紀○○地方の○○教徒の○○運動」の類だということである)。また、聖書の研究や歴史的イエスの研究などよりも、現在の宗教情勢の分析や、人類学的・民俗学的な宗教研究を専門とすることが多かったため、教科書に記載されるような事がらに対する判断力は(個人差はあるが)決して高くはないのである。

さらに、専門家の間には、教科書は「中学生・高校生相手だから」という油断もあるだろう。およそどのような歴史的人物にも、多角的な評価は可能だが、「子どもたちを混乱させてもしょうがない、少々一面的でも、通俗的な解釈でいいんじゃないか」というように。とりあえず、キリスト教と仏教の紹介は、「尊敬すべきイエスとブッダ」でいいだろう、というように。

だが問題は、たとえ最初の動機は「子ども向けに」であっても、ひとたび教科書という形で文章化され、その記述が一〇年も二〇年も引き継がれると、それが宗教の語り方の〝基準点〟に化していくことである。市販の入門書に教科書と同じ問題点がみられるのも、入門書を書く人たちもその教科書で学んできたことが一因としてあるだろうし、執筆に際して改めて参考にしているかもしれない。筆者自身、一五年前に大学の授業で世界宗教史を教え始めたときには、基礎情報としてまず高校の教科書をチェックした覚えがある。

さらには、宗教界の無関心もある。前出の江田昭道氏は、二〇〇九年に全日本仏教会の宗教教育推進委員会にて、教科書の中の仏教に関する記述の問題性を発表したことがある。筆者は同席できなかったが、一〇名ほどの委員(仏教各宗派からの代表者、すなわち僧侶)は、発表内容に理解を示しながらも、記述を変える運動を起こそうとはしなかったとのことだ。江田氏本人は浄土真宗、つまり浄土宗より優れていると教科書に書かれてきた側の僧侶だが、浄土宗側が「これは確かにひどい、ありがとう、一緒に何とかしよう」とは乗ってこなかったらしい。「自分たちが学校で教わったときと変わってないね」と和んで終わってしまったと聞く。そのおおらかさは美徳でもあるが、教科書が鎌倉仏教や浄土真宗に肩入れしていても、それによって現在の真言宗や天台宗、あるいは浄土宗の寺院が檀家を失うわけではないということもあるのではないか(この委員会が危機意識をもって推進しているのは、宗教的情操教育だったこともある)。

他に、日本人全体の宗教への関心の低さ、日本人論好きに現れるような、欧米と対比して自己理解をしようとする根強い傾向なども、本書で論じてきた問題の原因としてあげることができるかもしれない。だが、それらはそのまま論じると一般論に陥りやすいし、学校教育とは「鶏と卵」的な関係にある。したがって、そこには踏み込まず、次章では、諸外国の教育・教科書の実践例を紹介することを通して、日本の状況をさらに浮き彫りにしていきたい。

5章 海外の論争と試行錯誤

これまで諸外国、とくに欧米諸国の教科書の例を出してきたが、海外でも、宗教をどう教えるかという問題が根本的に見なおされるようになったのは二〇年ほど前からである。とくに二〇〇一年同時多発テロ事件の衝撃は大きく、共存と平和のための教育の一環として、異文化教育の手法で多様な宗教に対する理解を推進することが、さまざまな地域やレベルで行われている。

たとえば、国連の「文明の同盟」プロジェクトの一環として、「諸宗教と諸信仰に関する教育」(Education about Religions & Beliefs)インターネット情報センターが二〇〇九年に立ちあがった。運営を手伝っているのは、イギリス、デンマーク、ベルギー、ノルウェー、アメリカ、南アフリカ、トルコ、インド、インドネシア、ロシアなどの学術・教育機関である。

欧州評議会(Council of Europe)をはじめとするヨーロッパの地域連合組織も、この一〇年間ほど、多文化共生のための宗教理解教育に積極的である。そのような教育の具体的推進策について研究プロジェクトを進めたり、各国政府にはたらきかけるため声明を出したりしている(欧州評議会の代表的なものについては6章で紹介する)。それらの地域連合組織は、従来は、人権教育などで連帯することはあったが、宗教を中立的に扱うのは難しいという理由、また世俗化が進み宗教は社会の関心事ではなくなっていくという見通しにより、宗教教育には関与してこなかった。ところが、イスラム教徒をはじめとする多様な宗教をもつ移民の増加や、広範な宗教回帰現象、そして宗教組織が絡むとされるテロ事件により、これからの教育で宗教をどう扱うかという問題に正面から取り組まざるをえなくなったのである。

このように、宗教をどう取り上げるかは国際的にも公教育で喫緊の課題となっているのだが、その中からわき起こった論争をいくつか紹介したい。

九・一一以後のアメリカの教科書論争

3・4章で論じてきた問題への対処、すなわちどうすれば特定の宗教への差別や偏見をなくすことができるかについては、教科書制作のアドバイザーや、学校教育の諮問機関として、多様な宗教団体の協力を求めるという方法がある。

イギリス(イングランド、ウェールズ)では、各地域の宗教科のシラバス(授業の学習計画)作成委員会や宗教教育諮問審議会(SACRE)に、その地域の宗教分布を反映するような各宗教団体からの代表が参加している。どうしてもキリスト教のメンバーが多くはなるが、各地域の主要宗教団体は、意見を教育に反映させる権利をもっているのである(一九八八年の教育改革法においてそう定められた)。国家レベルでも同様で、二〇〇四年に発行された、宗教科の授業の「ナショナル・フレームワーク」(学習指導要領的なものだが、法的拘束力はない)には、これを支持する約二〇の宗教団体がリストアップされている(その中には無神論者の団体も含まれている。無神論もキリスト教、イスラム等に並ぶ一つの立場として、これを教えることになっている)。

前述のように、アメリカには宗教科はないが、社会科の教科書をみると、各宗教の立場を代弁する複数のアドバイザーがついていることがわかる。たとえばこれから取り上げる、ホートン・ミフリン社の世界史教科書『世紀を越えて』(*Across the Centuries*(図5-1))の冒頭部分には、三〇名ほどのアドバイザーのリストがあるが、諸大学の歴史学者のほか、キリスト教、ユダヤ教、イスラム、仏教の団体に所属する、名前に「師」(Rev., Rabbi, Ven. 等)とついている人たちが入っている。

このように、複数の主要宗教団体からチェックを受け、偏りをなくしているはずなのだが、アメリカでは同時多発テロ事件以降、教科書の宗教に関する記述の中立性をめぐって大きな議論が起こっている。まず、テロ直後に起こったのは、このホートン・ミフリン社の中学(第七学年)用世界史教科書が、〝イスラム偏向教科書〟〝キリスト教自虐史観教科書〟としてバッシングを受けたという事件である。

バッシングの内容は「キリスト教については異端審問や魔女狩りなど否定的な記述が多いのに、イスラムの残虐行為については言及がない」「ムハンマドを道徳的な人物として紹介し、一〇歳の少女を含む複数の妻を娶《めと》ったことには触れていない」といったものだった。バッシングを受けた『世紀を越えて』は、カリフォルニア州で採択された教科書の一つで、二〇〇一年より前から使われていたのだが、九・一一後に急に問題視されだしたのである（アメリカでは、人口の多いカリフォルニア州・テキサス州の教科書採択結果は、全土の教科書市場に大きな影響をもたらすために、それら二州がどの教科書を選ぶかは、常に業界やマスメディアの関心の的である）。二〇〇三年には、保守派の代表的な教科書評価団体「アメリカ教科書協議会」（ATC）が、ホートン・ミフリン社のものに限らず、イスラムの記述がイスラムに好意的すぎる教科書が出回っていると指弾する意見書を発表した。

『世紀を越えて』（*Across the Centuries*）の表紙.

図 5-1

　教科書の現物を読み比べたところ、最初にバッシングを受けた『世紀を越えて』はたまたまそれが中世を中心に学ぶ学年用のものだったため、イスラムは黄金期の話、キリスト教は十字軍や異端審問の話になっているのだとわかった。ジハードの解釈については、一九九〇年代の教科書には、イスラム教徒を好戦的な人々として描くものもあったが、二〇〇〇年代のものではそのような描写は総じてだいぶ和らいでいる。その中でも、『世紀を越えて』は、ジハードとは「『誘惑に抵抗し悪を克服する努力』のことであり、場合によっては行動に出ることをも意味するが、ただし戦闘行為はクルアーンやスンナ(ムハンマドの言行に基づく慣行)では自衛の場合のみ認められている」と、とくに慎重な説明をしていた。それを「イスラムびいきだ」と非難するのは、テロ直後に感情的になった人たちの過剰反応であることは明らかと思われた(詳細は拙稿「アメリカ教科書解説」『世界の宗教教科書』参照)。

実際のところ、アメリカ最大の教員組織である「全米教育協会」(National Education Association)は、テロ後のイスラム・バッシングに正面から対決し、国内のイスラム教徒を守ろうとした。たとえば二〇〇二年のテロ一周年の時期に組織のホームページ上で提案された、同時多発テロ事件を取り上げる授業プランでは、テロ事件の責任をイスラム教徒などの特定のグループに帰すのは避けるべきであり、むしろ過去のアメリカ自身の不寛容の例、第二次世界大戦時の日系アメリカ人の強制収容を題材にすることが勧められていた。もちろんこれにも保守派はすぐに異議を唱えたが、この例からは、アメリカの教育界の中心となる人々は、国内のイスラム教徒は弱き被害者の立場にあるとみなしていたことがわかる。

日本でも、テロ事件後、アメリカ国内のイスラム教徒が、証拠不十分なままにテロリストとしての容疑をかけられ、刑務所に強制収容されたり、市民から嫌がらせを受けたりしていると報道されることがあった。アメリカのイスラム教徒を声なき被害者として描くものだった。

ところが、二〇〇八年に、このイメージを覆すような本が出版された。『教科書問題――歴史と宗教の歪曲』(*The Trouble with Textbooks: Distorting History and Religion*)というタイトルで、著者は二人のユダヤ系アメリカ人である。センセーショナルだとマスメディアにも次々と取り上げられた。内容は、アメリカの歴史教科書はいかにユダヤ教を歪曲しているか、その反面、いかにイスラムを持ち上げているかというものである。この本によれば、そのダブル・スタンダードは、国内のイスラム団体の圧力によるものであり、九・一一以後、イスラムの声は小さくなるどころか、教育界に対してはむしろ大きくなり、教科書の内容に影響を及ぼすようになった、というのである。その代表は「イスラム教育評議会」(Council on Islamic Education)である。そういったイスラム団体の圧力は、イスラムやパレスチナ問題の記述だけでなく、ユダヤ教・ユダヤ人とイエスの関係にも及び、いずれにおいてもユダヤ教・ユダヤ人に著しく批判的であるという。すなわち、現在、アメリカで、イエスの磔刑《たっけい》の責任はユダヤ人にあると教科書に明記してほしいという要望を出しているのは、キリスト教徒よりもイスラム団体なのだと告発している。

教科書批判を裁判に持ち込んだ宗教団体も存在する。アメリカのヒンドゥー教徒の団体(ヒンドゥー教育協会(Hindu Education Foundation)とヴェーダ協会(Vedic Foundation))もまた、二〇〇五年に、第六学年用の世界史教科書内のヒンドゥー教の説明部分に対して大量の修正を求めた(この場合は、特定の一冊ではなくすべての教科書が対象であった)。団体が問題としたのは、「猿の王、ハヌマーン崇拝が強調されると、ヒンドゥー教徒の子どもたちが学校でからかわれる」「ガンジス川の沐浴や葬送のような、インドの後進性として受けとられうる要素ばかりピックアップしている」といったものから、インド本国でも争点である、「アーリヤ人侵略」説やカースト制解釈に至る。これらの団体は、マジョリティのヒンドゥー教徒やインドのイメージを向上させるために、「インド社会は侵略者であるアーリヤ人が先住民を征服してできたものではなく、最初からインド人の国だった」「カースト制はヒンドゥー教がつくり出し、正当化したシステムではない」などと訴えた。

ところが、これに対してハーバード大学のサンスクリット学者や、ダーリット(カースト最下層、「不可触民」と虐げられてきた人々)の団体等が反対運動を繰り広げた。ヒンドゥー・ナショナリストたちが政治的な意図から史実を歪曲していると、危機感を抱いたのである。それを受け、教科書会社がサンスクリット学者らの意見のほうに従ったため、ヒンドゥー団体は訴訟に持ち込んだ。結果は敗訴(連邦裁判所の判決)だったが、教科書会社が一度はヒンドゥー団体の要求を受け入れる方向に動いたために、インド本国では「なんと、アメリカ人のほうがインド人よりヒンドゥー教に親切だ」などと、皮肉交じりに話題になったほどだった(後述のように、インド本国では、ヒンドゥー至上主義・民族主義団体であるインド人民党が中心となり政権をとったとき、アーリヤ人侵略説を否定する歴史教科書が発行されたが、二〇〇四年の政権交代とともに、教科書の内容がもとに戻るという経緯があった)。

さらに二〇一〇年には、テキサス州でまた別の事件が起こった。保守勢力が過半の教育委員会が、歴史教科書をはじめとする社会科教科書を大幅に書き換える要望を出し、それが通ったというのである。教育委員会のリーダーは、自分を「もっとも徹底した創造説(進化論を否定し、世界は聖書に書かれているとおりに神が創造したとする立場)を支持するキリスト教原理主義者」とよんではばからない歯科医師であった。

リーダーだけでなく、保守派委員たちも信仰上は保守的なプロテスタントであり、教科書改訂の要望にもその宗教的関心を反映したものが多々含まれていた。すなわち、アメリカの建国の理念は啓蒙主義だけでなく、キリスト教に根ざすこと。たしかに憲法には聖書の語句はちりばめられていないが、独立宣言には「創造主」(Creator)、「自然の法や自然の神の法」、「神の摂理」といった言葉が使われており、これと憲法の理念は不可分であること。「政教分離」([wall of] separation of church and state)という語は、トマス・ジェファーソンが書簡で用いただけで、憲法にも他の建国文書にも見られないこと。ジェファーソンは建国の父の中では異分子であり、よってアメリカの独立・憲法起草に影響を与えた人物のリストから外すべきこと。これらの修正により、アメリカが憲法上は政教分離国家ではないことを正当化できれば、公立校でキリスト教式の集団礼拝をしてもよいし、官公庁に十戒の刻まれた碑を設置してもよいことになると、委員たちは教科書改訂の社会的影響に期待したのである。彼らのいい分は、「むしろこれまでの教科書がリベラル寄りに偏っていたのであり、われわれはバランスをとろうとしているだけだ」というものであった。

宗教団体はステークホルダーか

このように、アメリカの教科書をめぐる状況は、もはやマジョリティがマイナーな宗教の信者を一方的に差別するという構図にとどまらず、キリスト教、イスラム、ユダヤ教、ヒンドゥー教等の各宗教団体が、教科書中の自分たちのイメージを好転させようとそれぞれに運動している。そしてそういった宗教勢力と、歴史学の専門家集団の間で軋轢が生じているのである。

かつては歴史学者の見解はゆるぎなき権威だったが、今は、学校も企業の一つであり、そのステークホルダー(利害関係者)である親や地域住民の要望に応じるべきという考えが広まっている。テキサス州教育委員会を支えるクリスチャンの親たちや各種宗教団体は、そのようなステークホルダーでもあるのだ。「みなで教育を考えるのが民主主義だ」という掛け声が、「宗教を教育に介入させるな」という制止の動きを鈍らせるという、ねじれた現象が起きている。従来の保守・リベラルの図式に収まらない対立が、教科書をめぐって展開されているのである。

ヨーロッパでも、先述のイギリスのように、多文化主義化する宗教の授業内容には、諸宗教団体も何らかの発言権をもっていることが多い。だが、それをただ許すと、それぞれの団体が護教的立場から「自分たちの宗教はこう教えてほしい」といって譲らず、教育の中立性が損なわれるという問題が生じうる。それを心配する識者、デンマークの代表的宗教学者であり国際宗教学会の事務局長でもあるT・イェンセンなどは、宗教の新しい授業内容を決めるのは、宗教学者と高校の宗教科の教員であるべきだ、地域の宗教団体、親といった専門家でない人たちを関与させてはならない、と厳しい態度を示している（Tim Jensen, "RS based RE in Public Schools," *Numen* 55, 2008）。

もちろん、どの宗教団体に対しても、不当な差別とならないように、教科書制作者たちは耳を傾ける必要はあるのだが、イェンセンらは、信者たちの言いなりになると、教育が宗派教育化してしまうと警戒しているのである。二〇世紀後半の思想界の流れは、西洋知識人による知の独占を批判するというものだったので、イェンセンの発言はずいぶん反動的にみえるかもしれない。だが、ここであえて、学問や教育の自律性を訴えなければならないような、深刻な状況が持ち上がっているのである。

ドイツがイギリス方式に抵抗する理由

各宗教団体の声を取り入れつつ、宗教的に中立的な機関（教育関係の委員会や教科書会社）が教育を主導するというイギリスやアメリカのやり方は、一見民主的だが、宗教団体が公教育に介入し、操作しようとする事態も引き起こす。これに対して、全く逆に、宗教団体が公教育を完全に管轄したほうが、かえって民主的になるという考え方が強い国もある。その代表がドイツである。

先に触れたように、ドイツは社会が多文化化する中でも、宗派ごとに分かれた宗教の授業の形態を初等・中等教育において保持している。生徒たちは「プロテスタント宗教」科または「カトリック宗教」科、どちらも望まない場合は「倫理」を選択するのである。少数ながら、ユダヤ教徒のための宗教科が設けられている州もある。さらに、増えつつあるイスラム教徒の移民を対象に、「イスラム宗教」科のクラスを設けることも検討されるようになった。

外からみれば、ドイツのような分離型よりも、イギリスのように多様な信仰・文化をもつ生徒たちが一緒に学ぶ統合型のほうが、時代に合っているようにみえる。公立校ならなおさらである。しかし、ドイツでは公立校でも統合型には反発が大きい。旧東ドイツ圏では、「生活（人生)形成・倫理・宗教知識」科という名称の統合型の必修科目が導入された州もあるが、当初から批判がわき起こった。

その理由は、イギリスのようなやり方では、国家や州の政府が宗教教育を主導することになるが、それでは宗教統制につながりうるとみるためである。ドイツでは宗教の授業を実質的に運営するのは、公立校の場合も教会である(「倫理」に限っては実施主体は州政府。「生活(人生)形成・倫理・宗教知識」科も同様)。そのほうが、宗教団体が信教の自由を保つことができると考えられているのである。旧西ドイツ地域において、宗教科ではなく「倫理」を選択する生徒の割合は全体の三～一〇%程度ときく。教育を受ける側も、宗派別の宗教の授業を支持していることが窺われる。

たしかに、そのシステムならば、官製の宗教理解や道徳が上から押しつけられるということはなくなる。うがった見方をすれば、既成教会が既得権を固持しようと、生徒たちを囲い込んでいるようにも感じられるが、ドイツでも若者の教会出席率は下がる一方で、学校しか生徒たちに接触する場がないという教会側の苦悩もあるのだろう。

政府が主導するか、宗教団体が主導するかによって変わることの一つに、カルト問題の扱いやすさがある。政府主導の教育で、「この団体はカルトだ。気をつけろ」というカルト対策の授業を行うならば、国家が安全な宗教団体とカルトの間に線引きをしていることになる。それは、一種の「国教」を設定するようなもので、中立性を損なう可能性がある。それに対して、カトリック教会が内容を決める「カトリック宗教」科の授業で、特定の宗教団体を名指しし、人権侵害の問題を説く分には、その心配は小さくなる。学校で反カルト教育が必要だと思う人たちにとっては、ドイツ方式のほうがやりやすいのである。

例として、バイエルン州の中学生用カトリック教科書をみると、サイエントロジー、統一教会、ユニバーサル・ライフなどの団体が大きく取り上げられ、「カルト(ドイツでは「セクト」(ゼクテ)とよぶ)に注意しよう!」という節がある。単純に「入るな」というのではなく、どこに問題があるかを考えさせるスタイルではあるのだが。

厳密にいえば、中立であるはずの新科目、「生活(人生)形成・倫理・宗教知識」科の教科書にも、カルトを名指しで問題視しているものがある。ブランデンブルク州の中学生用のものだが、マイナーな団体はさらに、クエーカー教徒(フレンド派)やメノナイト派(アメリカでアーミッシュと呼ばれる人々)のような「自由教会」と、神の子どもたち、サイエントロジーなどの「カルト」(セクト)に分けることができるとし、細かい分類を行っている。そして問題視されているのは後者である。

「セクト」と呼ばれている集団は昔から存在する。新たな現象としては、集団とその信者数が増加していることである。第二次世界大戦の末期、ドイツでは約八〇の「セクト」が活動していた。今日ではドイツにその約一〇倍の数の集団が見出される。これらの団体の多くは目立たない活動を行っている。それらは「危険」な団体というわけではない。

しかし、約五〇の集団は頻繁に問題を起こしている。心理的なトリックを使っている「セクト」、いくつかのインド系の集団、またいくつかのキリスト教系の急進的グループなどである。

（『世界の宗教教科書』e7　久保田浩訳）

この説明文の隣に、神の子どもたち、サイエントロジーに入信した者のトラブルの例が具体的に書かれている。

さらに、カルト問題専門家へインタヴューする形で次のような文章が続いている。

　いくつかのセクトは信者を依存状態に追い込みます。入会する時に自分個人の全財産を差し出さなければならなかったとか、セクトが出している雑誌しか読んではならなかったと語る被害者もいます。多くの集団は本格的な「洗脳」の手段を利用しています。新しく入会した人は、睡眠時間を奪われたり、長時間にわたって仕事をさせられたりして、手なずけられることがあります。……

ドイツ・バイエルン州の中学生用カトリック教科書『私は必要な人間だ』7/8学年用(*Ich bin gefragt*, LER 7/8)より.

図5-2

これは、インド音楽のコンサートの招待状です。その背後にあるのは、瞑想を売りにしているグループです。瞑想によって人間は老化を防げると主張しています。また、瞑想する人は飛べるとも言われています。

次のグループはアルバート・アインシュタインの写真を使って宣伝しています。彼らの「ワークショップ」に参加した生徒の成績はずっと良くなり、一〇倍も早く勉強ができるようになると言われています。

いくつかの有機商品の背後にもセクトがいます。このグループは外界と断絶した活動をしています。メンバーが監視されスパイされるのは日常茶飯事です。脱会者には激しい攻撃が加えられます。（同右）

同じ統合型といっても、イギリスの宗教科ではカルト問題はほとんど扱わないようだ。教科書にも、新宗教団体を名指しで問題視しているものはない。生徒たちの間で流行っているオカルト(霊やまじない・占いへの関心)の問題は取り上げられるのだが、新宗教は出てこない。イギリスの専門家に直接尋ねてみたところ、やはり政治的すぎて扱いが難しいのだそうだ。

これに比べると、ドイツの「生活(人生)形成・倫理・宗教知識」科は、旧東ドイツのイデオロギーを継承しており、宗教に対し啓蒙的な姿勢が強いといえるだろう。キリスト教の既成教会に矛先が向けられていないとはいえ、教会勢力が政府主導の「生活(人生)形成・倫理・宗教知識」科の中立性に懐疑的だというのは、ゆえなきことではないのである。

日本でも、筆者が東京都内の高校をまわったとき、都立高校の先生から新宗教団体への対処のしづらさの話が出ることがあった。「倫理」や歴史科の内容は、宗教を過去のものとして描くものばかりだが、もっと現在の信者の姿をみせる必要はないだろうか、と筆者がもちかけると、「その必要性はわからないわけじゃないが、国内のイスラム教徒やタイ人仏教徒のことなどを取り上げたら、うちの学校に大勢いる新宗教団体の生徒たちが、「私たちの宗教のことも！」となりそうだ。それはとてもやりにくい」という答えが返ってきたことがある。アクチュアルな宗教は一切扱わないほうが、らくに中立的立場を保てるのである。

文科省から「新宗教・カルトについてはこう教えよ」とガイドラインが出たら、現場は助かるどころかますます困惑しそうである。ある都立高校の先生からは、新宗教の信者である生徒やその親が、まれに他の生徒を勧誘しようとするケースがあるが、その場合の指導は管理職に任せている、クラス担任と生徒は信頼関係で結ばれるべきだから、という話をきいた。あるいは、新聞をとらない家庭が増えているので、就職・進路指導のときに新聞を読んでいるかと尋ねると、読んでいても特定新宗教団体のものだったりするのだが、それだけじゃダメだよとも言いづらいという話もきいた。身近に信者の生徒がいると、マニュアル化された「教え方」では対応できないことがわかるとのことだった。

そして教科書では、「現代社会」に「カルト」の語が、具体的教団名抜きに、ちらりと出てくる程度である。筆者が大学の授業で尋ねると、新宗教の教団名など全く知らない人と、おそらくネット上のバッシングのまねをして、実際には何も知らない特定教団をこきおろしてみせる人とに分かれた。教科書を含む、高校までの教育が、カルト問題を回避してきた結果であろう。

カナダ・ケベック州は「倫理・宗教文化」科を必修にしたが

それでは、1・2章で論じた、教科書が宗教的信仰を受け入れさせようとする問題に対しては、外国ではどのような対処がとられているだろうか。

多文化主義に立つ現在のイギリスの宗教科教科書は、そのような問題に極力配慮した工夫をしているという例を、1章ですでにあげた。だが、イギリスの宗教科に、宗教心を涵養するという面が全くないかというと、そうとまではいえない。宗教科のガイドラインを示す「ナショナル・フレームワーク」には、「子どもたちのスピリチュアルな成長を推進する」と書かれている。実は、イギリスの場合、「スピリチュアルな成長」は、宗教科のみならず全科目に共通する教育目的とされている。教育法の中で、あらゆる学校は、「生徒のスピリチュアル的・道徳的・社会的・文化的発展を推進する」べきと定められているのである。

「スピリチュアル」は「精神的」と訳すと宗教色を感じないが、「霊的」とも訳せるように、英語では宗教色を帯びた言葉である。広義の、漠然とした宗教性を指すのにもよく使われる。しかし、教育法ではこの語の明確な定義づけがなされなかったために、このスピリチュアルな成長とは何を指すのか、これは「宗教を信じない自由」の侵害にならないのかということがイギリスの教育界で議論されてきた。生徒それぞれが信仰を深めるのならよいが、現在、信仰のない生徒に対してスピリチュアルな成長を促してよいのかの問題である。

そこで、イギリスをモデルとしながらも、そういった宗教色をできる限り排除した、新しい発想の宗教科を設けたところがある。多文化主義を推進するカナダのケベック州である。ケベック州は、二〇〇八年から「倫理・宗教文化」科という初等・中等教育用必修科目を導入した。それまでは、生徒は、道徳の授業か宗教の授業のどちらかを選ぶという方式だった(正確には、カトリック・バージョンの「宗教と道徳」科、プロテスタント・バージョンの「宗教と道徳」

科、無宗教の「道徳」科の三つから選択するという分離型)。しかし、宗教に関する教養は全生徒に必要だし、クリスチャンとそれ以外の生徒を、あるいはカトリックとプロテスタントの生徒を分けるのはよくない、一緒のクラスで学びあうほうがよいという考えにより、統合型のイギリスにならい、カリキュラム改革が行われたのである。

その背景を少し説明すれば、この教育改革と並行して、ケベック州では政治哲学者のチャールズ・テイラーとジェラール・ブシャールを委員長とする「良識的な妥協」委員会(「文化的差異にかかわる妥協の実践に関する諮問委員会」)が設置され、活動を行った。「良識的な妥協」とは、マジョリティとエスニック・マイノリティ(民族的少数派)の文化差に起因する摩擦を緩和・回避するために、公的・私的機関において、管理者側が何らかの妥協を行うことを意味する。委員会の目的は、ケベック州で行われている「妥協」の実態調査、付帯する問題の分析、市民フォーラムを開いての事情聴取、多元的・民主主義的なケベック社会の価値観に合う「妥協」の実践を保障する政策提言を行うことだった。学校での「倫理・宗教文化」科導入・必修化も、多文化・多宗教の共存を目指すという目的をこの委員会と共有していた。

委員会設立のきっかけとなったのは、二〇〇一年に始まったある論争だった。ケベック州の中学校に通うシーク教徒の男子生徒の、キルパン(儀礼用の短刀)所持をめぐってのものである。シーク教はインドで一五世紀に、イスラムとヒンドゥー教を融合して形成された宗教で、男性信者はキルパンを携帯することが義務づけられている。この男子生徒は、その義務を守る、インド系の移民だった。ケベック州控訴院は、キルパンを危険物とみなし、学校への携帯を禁じたが、カナダ連邦最高裁はこれを信教の自由として認める判決を出した（二〇〇六年）。このことが「妥協」の是非をめぐる論争を加熱させたのである。

キルパン論争は、フランスの公立校での、ムスリムの女子生徒に対するスカーフの禁止を思い起こさせる。フランスでは、厳格な政教分離（ライシテ）により、公共の場で宗教を誇示するものを着用してはならないという法案が二〇〇四年に通り、一九八九年から表面化していた公立校でのスカーフ着用の是非をめぐる問題に、「否」という結論が出た。ケベックはカナダの中でもイギリスよりフランスの影響が強く、教育界も（宗教科があるという点ではイギリスに似ているが）フランスのように世俗主義的発想が強いようである。

「倫理・宗教文化」科設置の際も、イギリスを参考にしながらも、宗教色を極力抜こうとした跡が認められる。文部省発行の「倫理・宗教文化」科のガイドラインをみると、イギリスで問題になった「スピリチュアルな成長」という語は全く使われていない。それどころか、この科目は「生徒をスピリチュアルな探求へと誘うものではない」という、きっぱりとした断り書きがされている。

あるいは、イギリスの「ナショナル・フレームワーク」には、宗教科の真髄は「究極の問いに焦点をあてる」(究極の問いとは、「生きる意味とは何か」「神は存在するのか」的な問い)こととあるが、ケベックのほうは、「倫理・宗教文化」科の主要目的は「他者を認知し、共通善を追求すること」とされている。つまり、「信仰や宗教心を涵養する」というニュアンスを徹底的に排除しているのである。

到達目標は三つのコンピテンシー(能力)、すなわち「倫理的問題を省察できる」「宗教現象を理解していることを証明できる」「対話に参加できる」である。しかも三番目の「対話」は、「自分の考えを自ら点検し、整理することができること。他人の意見に注意をはらいつつ、自分の意見を表現できること。意見をもったりそれを吟味したりするために適切な情報や方法を使用できること」と定義されている。イギリスの宗教科の公的文書では、「対話」という言葉を「宗教間対話」という意味で使うことが多いが、ケベックでは宗教色のない対話倫理を指していることがわかる(ガイドラインの参考文献はJ・ハーバーマスの『討議倫理』である)。

だが、これだけ配慮をしても、早くも「中立ではない」という批判が向けられている。無神論的考えをもつ人たちは、「倫理・宗教文化」科は宗教のよいところばかりを教えるため、結果的に生徒たちを宗教に誘う可能性があると懸念している。諸宗教を尊重する多文化主義的宗教教育は、宗教自体に意義を認めない人からはそう見えるようである。他方、保守的な信仰をもつ親たちは、あらゆる宗教を対等なものとして教えられると、子どもたちは何が正しいのかわからなくなる、信仰が脅かされると抗議している。つまり、この新科目は、信仰心をもつよう促す可能性も、信仰を破壊する可能性も両方もつと非難されているのである。

さらに、シーク教やイスラムなど、アジアからの移民が持ち込んだ宗教をキリスト教、とくにカトリックと同等に扱うと、ケベックのアイデンティティが失われてしまうと警戒する人たちもいる。シーク教徒はケベック州ではマイノリティだが、フランス文化圏のケベックも、州としてはカナダの中のマイノリティである。同じ「マイノリティの尊重」でも、まずは州の単位を優先したいという考えである。そこにはケベックのフランス的伝統を守らないと、カナダの他の州と同じになってしまうという危機意識があるようだ。この場合、「倫理・宗教文化」科は、なんらかの信仰心ではなく、ケベック的伝統へのコミットメントを育てる科目となるよう期待されていることになろう。

このように、「倫理・宗教文化」科は、信仰を押しつけないようにという格段の配慮のもとに構想されたが、それでも信教・思想の自由の侵害だという声がとんでくる。そう抗議する人たちには、今のところ、「授業を受けなくてもよい」という消極的な権利しか認められていないのである。

他の国々ではどうか

それでは、アジア諸国やイスラム圏の国ではどうだろうか。筆者は、二〇〇五年から三年がかりで、一〇名余りの教育学者・宗教学者とともに、一〇カ国(アメリカ、イギリス、ドイツ、フランスのほか、トルコ、インド、タイ、インドネシア、フィリピン、韓国)の宗教教育の現状、とくに教科書中の宗教の記述について比較研究を行った。インドを除く九カ国については、非常に限られた範囲ではあるが、教科書の翻訳出版も行った(インドの教科書を出版できなかったのは、出版社から許諾を得られなかったことによる)。

これら一〇カ国のうち、公立校を含む学校に独立した「宗教」の授業があるのは、イギリス、ドイツ、トルコ、タイ、インドネシアである。アメリカ、フランス、インド、フィリピンにはそのような授業はなく、日本と同様に、社会科等で宗教が部分的に取り上げられている。韓国は特殊で、一九八二年から、選択科目として「宗教」の授業を公立校(高校)に置いてもよいことになったのだが、実際には受験用の科目が優先され、宗教の授業は開講されていない(もちろん宗教系の学校には「宗教」の授業を行うところがある)。

これらの比較研究から、アジア諸国に関して見えてきたことは、欧米諸国と同じように、この一〇~二〇年の間に学校で宗教を教えることに対する意識が変化し、「多様性の中の統一」や「他者への寛容」を明確に目指すようになったということである(インドは、ヒンドゥー至上主義のインド人民党が政権を掌握した、一九九八年から二〇〇四年の間を除く）。宗教の序列化を避けると同時に、教育方法の面でも、一方的に教授をするのではなく、生徒の主体的学習を重んじるほうへと向かっている。

「多様性」といっても、宗教人口をみると、韓国を除きどの国でも今なお特定の一つの宗教が圧倒的多数派となっている。トルコは国民の九九％がイスラム教徒、インドは八〇％がヒンドゥー教徒、タイは九五％が仏教徒、インドネシアは九〇％近くがイスラム教徒、フィリピンは九〇％以上がキリスト教徒である（国によって統計年は異なるが、過去五年前後のものによる）。それでも、宗教を異にする他者との共存が、教育の大きな目的の一つになり、それが教科書の記述にも反映されている。背景には、どの国も宗教・民族間の緊張関係に悩んでいるという現実がある。

① トルコ

一カ国ずつ見ていくと、トルコの宗教科は、「宗教文化と道徳」という名称で、「宗教文化」といっても実質的にはイスラムの教育である（信者でない生徒には、この授業は免除されている。以下、インドネシア、タイについても、本書では多数派の宗教の教科書のみを取り上げる。それらの国々でも他の宗教の信者は、授業を免除されるか自分の宗教の授業ないし代替授業を受ける)。国民教育省発行の教科書『宗教文化と道徳』(二〇〇七年版)の第八学年用では、全体の六分の五はイスラムのみに関する内容である。最終章で、ヒンドゥー教、仏教、ユダヤ教、キリスト教といった他宗教が紹介されている。分量は少ないとはいえ共同研究でトルコを担当した宮崎元裕氏によれば、二〇〇〇年以前はイスラムが諸宗教の中でもっとも神聖であることを自明視した書き方だったのに対し、この教科書は他宗教を見下してはならないことを説いている。最終章の最終節は「他者の信仰に寛容であること」と題され、次のようにまとめられている。

トルコ共和国は、政教分離、民主主義に基づく社会的法治国家である。いかなる国民も他の国民の信仰やその実践に干渉してはならない。……

我が国民は、自分たちの価値体系を大切にしながらも、他者の価値体系に対して寛容な態度で接してきた。彼らの宗教、信仰、慣習、伝統へ常に敬意と寛容の精神を示してきたのである。アタテュルク〔ケマル・アタテュルク。トルコ共和国初代大統領〕は、我が国民に見られるこの特性を次の言葉で説き明かしている。「いかなる国の国民も、我が国民ほどには、外国の風物、信仰、信仰儀礼に敬意を表さなかった。それどころか、他の宗教や外国の国民に敬意を表すことができる唯一の国民は我が国民であると言うことができる。……

イスタンブールが征服されて以来、ムスリムではない人々に与えられたこの広範な特権は、我が国民が宗教的にも政治的にも世界で最も寛容で親切な国民であることを示す明らかな証しだと言える」。

（『世界の宗教教科書』ｆ1　新実誠訳、宮崎元裕監修）

つまり、現在の教科書は「イスラムが最高」といわず、「他者への寛容さにかけてはトルコが最高」ということで、宗教の多様性の尊重と国家統合を両立させようとしているのである。

また、宮崎氏によれば、イスラムの考えをただ教え込むのではなく、それが大切であると生徒自身が納得して身につけることを重視している点、言い換えれば生徒に自ら考えさせる課題が多いのも、この一〇年間での大きな変化である。これは、あらゆる教科において生徒の主体的学習が推進されているほか、たとえ相手がイスラム教徒の生徒たちであっても、一つの解釈を一方的に押しつけることは避け、信仰の自由を尊重しようとしていることが原因と考えられる。

しかし、このような教育には国内で反発もあり、その大きな理由は、アラビア語でクルアーンを読み、理解する学習がないので、イスラム教育としては中途半端だということによるという。憲法上は世俗主義（政教分離主義）を掲げつつ、イスラムの授業を必修とすることのジレンマである。政教分離のアメリカやフランスとは異なり、あえて宗教の授業を設けているのは、国民からの要望が強いことと、国家の管理が及ばないところで、世俗主義に反するイスラム教育が行われることを避けるという理由が大きいとされている。

② インドネシア

同じようにイスラム教徒が多い、インドネシアではどうか。インドネシアも国教制ではないが、宗教科の教科書は、タイトルも「イスラム」で、アラビア語によるクルアーン学習がもり込まれている。しかし、インドネシアの教育界で定評のある、ユディスティラ社発行の高校三年生用教科書(二〇〇四年版)をみると、第一章のタイトルは「寛容に関するクルアーンの章句」である。すなわち、伝統的なクルアーン学習を通して、他者への寛容を学ぶ内容が、教科書の冒頭を飾っているのである。

具体的には、意見を異にする人たちへの寛容の姿勢が書かれたクルアーンの節が、アラビア語とそのインドネシア語訳でまず掲げられている。その一つは、アッシューラ章第一四節の以下の部分である。

知識がかれらに下った後、間もなくかれらの間の嫉妬によって分派ができた。定められた時に関し、あなたの主からの御言葉がなかったならば、(問題は)かれらの間でとっくに解決されたであろう。だがかれらの後、啓典を継いでいる者たちはそれに就いて(未だに)疑いを抱いている。

(『世界の宗教教科書』c　西野節男監訳。クルアーン引用は、日本ムスリム協会『聖クルアーン』を参照)

その後に、この節への解説がつけられ、さらに、この第一四節の内容を反映する行為がいくつか示されている。

a　自分の意見が正しいと確信していても、幅広い考えや視野をもつこと。

b　心を開き、自分の意見と異なる意見を尊重すること。私たちは、たとえイスラーム教徒でない人々に対しても、意見の異なる人を尊重し尊敬しなければならない。このことは、彼らも啓典をもち、そのなかに敵意や妬《ねた》み、憎しみ、意見の対立が望ましくないという共通の価値があるからである。

c　イスラームの宗教の正しさを堅持し深く信じ、また、イスラーム教徒以外の人々の信仰を冷やかしたり、蔑んだり、軽蔑したりすることなく、クルアーンに含まれる内容を学び、理解し、同時にそれを実践すること。

(同右)

第一四節の短い文章からここまで引き出すのは、教科書による誘導性が高いようにみえるかもしれない。しかし、トルコと同様、この教科書も生徒の主体的学習のための、ディスカッションや調べ学習の課題を多数もり込んでいる。その一つをあげれば、ディスカッションの課題としては、

ファラスとアウディ(ともに子どもの名前)は、イスラーム以外の人達にイスラームを説く(伝道する)ための良い方法について議論をしているところです。ファラスは、イスラームを毅然と力強く広めていかなければならず、必要な時には戦いも辞すべきでないと確信しています。他方で、アウディは、イスラームは平和な宗教であり、強硬にその教えを勧める必要はないと考えています。ましてや、血を流すような戦いなんてもっての外であるという意見です。彼ら二人とも、自分の意見を主張して譲りません。では、上記の二つの意見が歩み寄れる点を見いだせるように、あなたの意見とその理由を述べましょう。

(同右)

というものが設問として掲げられている。日本の高校世界史の教科書には、「コーランか剣か」という、腕ずくで信仰を強要するイスラム像は、事実ではなく偏見だという記述がよく載せら

れているが、この教科書は一つの見方のみを既成事実化することなく、生徒自身に考えさせているのである。

調べ学習としては、

インドネシア社会で、特に改革の時代(一九九八年スハルト政権崩壊以後の民主化の時代)が進んで以降の、「寛容の姿勢(sikap tolenransi)」に関係するレポートを作る。次に、社会でおきた現象と、寛容に関するイスラームの教えの決まり、あるいは大綱と比較する。クルアーンもしくはハディースから引いてきてもよい。（同右）

という課題が、グループ・ワーク用に示されている。

また、トルコとインドネシアに共通することは、異教徒への寛容というテーマの中で、「ジハード」への言及がないことである(インドネシアのこの教科書は部分訳のため、筆者は全体を確認できていないが、トルコの前掲の教科書については、寛容に関する節だけでなく、教科書全体を通して、「ジハード」への言及はないことを確認した)。前述のように、日本では、社会科の教科書でイスラムは異教徒に寛容か不寛容かに話が及ぶときには、この語の解釈が焦点の一つとなる。同様の傾向は、アメリカの世界史教科書にもみられる。それに対して、トルコやインドネシアの教科書は、この問題を、クルアーン中の複数の章句に結びつけたり、自国の歴史に結びつけたりと、広い視野からとらえようとしている。インドネシアの教科書に至っては、イスラムの信仰を他者に強制すべきか、その際武力を行使してよいかについては、「正解」を示さず、生徒に自由に考えさせている。今日のイスラム教徒の中にある、異教徒への武力行使をジハードと呼ぶ一部の勢力と、学校教育はジハードの語の解釈で争うのではなく、別の形で寛容の重要性を生徒たちに伝えるのが、これらの国のやり方なのだとわかる。

③ タイ

タイの宗教科では、仏教徒の生徒たちは「仏教」の教科書で学ぶ。共同研究でタイを担当した矢野秀武氏によれば、一九九七年のアジア通貨危機のあと、伝統である仏教を見なおそうという動きが起こり、仏教教育の充実も図られた。仏教教科書のうち、よく使われているワッタナー・パーニット社の中学三年生用(二〇〇五年版)をみると、最後の章は、先にも触れたが、この経済危機後に推進された、「充足経済」(過度な競争を控え、ほどよい経済成長を目指す)の政策と、「中道」の仏教思想の関係を論じている。

全体の構成は、仏教の歴史、ブッダの生涯、仏教の思想と実践(瞑想や道徳)、仏教徒の義務(僧侶や寺院との関係等)、と進んでいく。ブッダの生涯の単元では、「釈尊――世界で一番の教祖」という題名で作文を書きましょうという課題が出され、仏教徒としての誇りを重視している。だが同時に、仏教徒は他宗教に寛容でなければならないとも説かれている。

仏教は復讐や仕返しをする気持ちを抑えるよう説いている。仏教は、他の人と言い争うことをやめ、仲良くすることを説いている。また、仏教では、他宗教の信者を激しく憎んでよいとは教えず、世の中には多くの人々がおりそれぞれ異なる考えをもっているので、我々はおおらかな心を持ち、違いを受け入れられるような人となるよう努力することが大切であると説いている。

（『世界の宗教教科書』d1　矢野秀武訳）

ブッダの生涯や教えの説明でも、ヒンドゥー教（バラモン教）とブッダの教えを対比し、後者の優位性を示すという比較広告的手段はとられていない。仏教史の単元では、日本を含む東アジアへの仏教伝来についても詳しく書かれているが、「大乗仏教は、本来の仏教から逸脱したものだ」という論調もない（歴史的には、大乗仏教は原始仏教から離れすぎているという批判が部派（上座部）仏教側からたびたびなされてきた（大乗非仏説など））。日本の僧侶の妻帯に言及しながらも、そうなのである。日本の仏教の特徴を、宗教として正統か逸脱かではなく、（タイ人から見ての）日本経済や日本人の国民性と結びつけ、説明しているのが興味深い。

現代日本は経済面で大きな力を持つ国となった。競争も激しく国民は時間に追われる生活を営んでいるため、ストレスが生じ、心の健康を害し、精神的な病にかかる人や自殺者の割合が増えている。仏教の実践は、ストレスを減らすことにつながり、また日本人は結果をすぐ求めるので、禅宗が流行っている。またすぐに効果の表れる修行を掲げる新宗派・新宗教も現れている。（同右）

生徒の主体性重視という点では、極めつけは次の箇所である。

◇みんなで考えよう、みんなで話し合おう

1　なぜ仏教の基本的教えについて勉強しないといけないのでしょうか。

2　仏教の基本的教えについての勉強はつまらないと言う人がいますが、皆さんはどう思いますか。その理由も述べてください。

3　皆さんは、仏教の基本的教えについて学ぶとき、どのようなやり方なら面白いと思いますか。（同右）

日本の感覚では、少々生徒に〝投げすぎ〟ではないかと思うほどだが、教師と生徒がともに試行錯誤し、しかもその過程自体を楽しもうという前向きさがあるとも理解できる。

④　フィリピン

フィリピンには宗教科はないので、共同研究者の市川誠氏が選んだのは、二〇〇二年に導入された「マカバヤン」という新科目の初等教育用教科書である。「マカバヤン」は直訳すれば「愛国心」であり、社会科を中心に、音楽・美術・体育・道徳等の要素を含めた総合科目である。この中に宗教に関する教育も織り込まれているのである。

一年生用の教科書(プロアクト・レックス社、二〇〇四年版)で、早くもフィリピン国内の宗教としては、最多数のカトリックのほか、プロテスタント、イスラムがあることが大きく示され、二年生用の教科書では、活動が活発なキリスト教系新宗教の諸団体名もあがっている。フィリピンで生まれたイグレシア・ニ・クリスト教団の扱いはとくに大きく、市川氏はその一因を、この教団の政界への影響力とみているが、ほかにセブンスデー・アドベンティスト、エホバの証人、末日聖徒イエス・キリスト教会(モルモン教)などが言及されている。これらも国内に存在するキリスト教の多様性として描かれ、何曜日に礼拝をするとか、誰が信者を率いているとか、クリスマスを祝うかどうか、独自の祭日はあるかといった面から紹介されている。フィリピンの歴史について学ぶ三年生以上では、仏教やヒンドゥー教も登場する。もちろん、宗教、教派によって扱いの軽重はあるが、市川氏によれば、フィリピンをもっぱらカトリック国として描いていた旧課程の教科書に比べれば、大きな変化である。そして多様性と統一を両立させるために、諸宗教の紹介に先立ち、クラス全員でうたうための歌が掲載されている。

神のおかげで／一人の神／一つの共同体／一つの国／一つの民族／あなたを敬います

（『世界の宗教教科書』g1　市川誠監訳）

政教分離の国の教科書にある文章としては違和感を受けるが、「宗教は違っても、同じフィリピン人、みな仲間だ」というメッセージが強く発せられている。

またこの歌では、すべての宗教が同じ一人の神を崇拝している、言い換えればどれもが一神教であるかのような示し方になっているが、これはインドネシアも同様である。インドネシアが掲げるパンチャシラ（国家五原則）は、その一番目が「唯一神への信仰」である（他は「公平で文化的な人道主義」「インドネシアの統一」「協議と代議制において英知によって導かれる民主主義」「インドネシア全人民に対する社会正義」）。インドネシアで公認されている宗教には、

filipino freethinkers

Entertainment » | Featured | Media » | Others » | Personal | Philosophy | Podcast | Politics | Religion | Science | Society

Categorized | **Religion**

Instituting Religion Through Philippine History

Posted on 24 March 2010 by **Faraj Pangeran** Tags: friars in Philippine History

For most people who had to take Philippine history either through the Makabayan course or through some sort of college class, history is divided generally into five eras: Pre-colonial, Spanish, American, Japanese, and Post-1946. Instantly, these categories of course do not have any actual meaning to indigenous peoples in Northern Luzon, the Aetas, the Lumads of Mindanao, and the BangsaMoro who are all groups that were basically still autonomous until the American era.

For most other Filipinos, instead of history, we are taught stereotypes and religion is re-enforced.

The most common textbook used in high schools is the Philippine History and Government text by Gregorio F. Zaide and Sonia M. Zaide. In addition to incorrect information (such as the Beyer Migration Theory) and a catelogue of stereotypes about different ethno-linguistic groups (i.e. Ilocanos are frugal, Tagalogs are proud, etc.) which comprises Chapter 2. Here are some exceptional excerpts:

"...We are a nation with a gift of faith and a gift of music that other Asian nations do not have. The Filipinos are very spiritual and deeply religious. Christianity triumphed easily in the Philippines, but the other Asian nations

Support our cause; make a donation!

Support our online and offline **activities** to help promote **reason**, **science**, and **secularism** in the Philippines!

Donate

Recent Posts

Sanctity of "Sanctity"?

Do objective moral values exist?

Lying for a Cause

April 10 (Sunday) Anson's Starbucks Meetup

RCC: Attacking our bigotry violates our human rights!

The last comments for
Sex, Slavery, and the Pro-Life Movement

@The_Filozopher
Yan ang evading the question. :D Anyway, me pag-asa pa ang Pilipinas. Check out my comment on Chile! Yan...
» 18 minutes ago

missingpoints
Yay! Hugs all around :)
» 22 minutes ago

missingpoints
Yan ang false dichotomy.
» 23 minutes ago

「フィリピン史を通して宗教を制度化する」教育を批判する記事.
http://filipinofreethinkers.org/2010/03/24/instituting-religion-through-philippine-history/

図 5-3

イスラム、キリスト教だけでなく、ヒンドゥー教、仏教、儒教が含まれるので、厳密にいえば、これは国民全員が共有している原則ではない。だが、インドネシアでもフィリピンでも、そこをあえて「同じ一人の神」と表現することで、国民統合を図っているのである。

だが、フィリピンにも無神論者（または「自由思想家」と自称）は少数ながら存在する。「マカバヤン」の三年生用教科書は、フィリピン人の特性の第一のものとして信心深いことをあげており、それは世界に誇るべきことだとも述べているのだが（『世界の宗教教科書』g3）、そういった箇所は無神論者の目には抑圧的と映る。学校教育がカトリック以外の諸宗教を包摂したことで、無神論者が排除される人々として、相対的に目立つようになったというのは皮肉である。インターネットは、そのような無神論者が声をあげる場として活用されている(図5-3)。

⑤ インド

インドも、政教分離に則り、宗教科はない。ヒンドゥー至上主義のインド人民党が政権についたときには、ヒンドゥー・ナショナリズムに基づく歴史教科書の書き換えが問題化した。現在のインド人の祖先であるアーリヤ人は、外から侵入してきたのではなく、インダス文明の時代からインドに暮らしていたといった歴史観がその代表的なものである。しかし、政権交代後は、社会科教科書だけでなく国語(ヒンディー語)教科書等にも、インドの多民族性に配慮した記述が現れている。たとえば国立機関であるNCERT発行の、小学二年生用のヒンディー語教科書には、ヒンドゥー教の春の大祭である「ホーリー祭」をめぐる物語が出てくるが、これを多様な宗教の生徒とともに祝う様が描かれている。

ヴィノードは学校から戻るなり言いました、「お母さん、僕にお金をちょうだい。僕、市場でラング(色粉)と水鉄砲を買ってくる」。

お母さんは言いました、「あら、まだホーリーには二日もあるわよ。もうホーリーをはじめるの?」

ヴィノードは言いました、「お母さん、シャームが言っていたよ、友達をみんな連れて来るって。僕も用意しておきたいんだ。だから、僕にお金をちょうだいよ」。……

〔妹の〕ギーターはバケツからラングを取って、ヴィノードにかけました。きょうだい二人とも笑い始めました。その時シャーム、スルジート、ヴィクタル、ナジュマー、そしてサリームがやって来ました。……　(S. Ludra et al., *Bal Bharti*, Class 2, 2003. 澤田彰宏訳)

共同研究でインドを担当した澤田彰宏氏によると、文中に宗教の名は出ていないが、子どもたちの名前からそれぞれの宗教が何であるかを推定できるようになっている。すなわち、ヴィノードはヒンドゥー教徒、スルジートはシーク教徒、ヴィクタルはキリスト教徒、ナジュマーはイスラム教徒であることが、読者であるインドの子どもたちには自明なのである。

三年生用社会科教科書は、「私たちのお祭り」という課で、独立記念日の国家祭祀やヒンドゥー教の祭りだけでなく、イスラムのイード、キリスト教のクリスマス、シーク教のグルパラブの祭りをあげ、そのように祭りを頻繁に行うことが、インド人の祭り好きという特性を示しているとまとめている。

上で触れてきたお祭りのほかにも、私たちの国ではいろいろなお祭りが祝われます。だからこの国は「お祭りの国」と呼ばれるのですね。私たちはお祭りをいっしょにお祝いします。

(D. Gupta et al., *Let's Look around and Learn*, Class 3, 2003. 寺坂有美訳)

⑥ 韓国

韓国の宗教人口の内訳は、二〇〇五年の統計によれば、仏教徒二二・八%、プロテスタント一八・三%、カトリック一〇・九%、無宗教四六・五%である。円仏教という二〇世紀初頭に韓国で生まれた仏教系の新宗教は仏教とは別にカウントされており、〇・三%、他に、儒教と答えた者が〇・二%である。

韓国も政教分離制だが、現在の韓国の学校と宗教の関係を独特なものにしたのは、一九七四年からの高校「平準化」政策である。これは、受験戦争を和らげるため、個別の入試をやめ、生徒を自動的に地域の高校にふりわけるというシステムである。ふりわけの基準に成績は関係するが、信仰は考慮されないため、熱心なキリスト教徒の生徒が仏教の高校に入ったり、無宗教の生徒が宗教教育に熱心な高校に入ったりという事態が発生した。

学校によっては、信者であるかないかを問わず、生徒全員に集団礼拝を強制するケースもあったが、それが近年改められつつあるのは、カン・イソクという一人の高校生の抗議運動がきっかけだった。カン・イソクはキリスト教系の大光《テグァン》高校に進学したが、学校から礼拝を強制されることに反発し、二〇〇四年にソウル教育庁前で一人デモを行った。それにより、退学処分を受けたので、学校に対して訴訟を起こし、四五日間のハンガーストライキも実行したのである(図5－4)。

この事件を受けて、宗教系私立校は礼拝の免除だけでなく、「宗教」の授業を望まない生徒に対しては代替授業を用意することが、教育庁から求められるようになった。また、宗教系の学校を運営する各宗教団体側も、この事件の前から多様な信仰をもつ生徒がともに学ぶという状況の変化に対応しようと、プロテスタント、カトリック、仏教の代表者の間で対話を重ね、独善的にならない教育をしようと独自に改革を進めていた。その成果は二〇〇二年から教科書に現れ始めた。

共同研究ではその中からカトリック文化院発

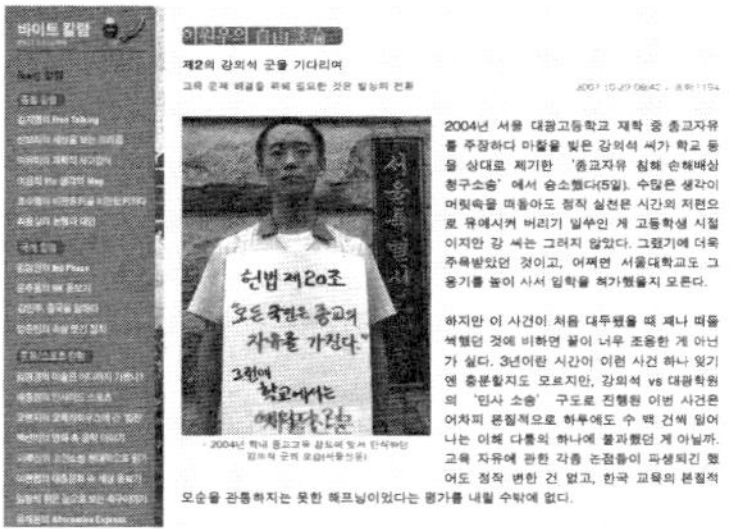

抗議するカン・イソク氏．胸には「全国民は宗教の自由をもつ．だが学校はその例外なのか?!」と書かれている．
http://www.i-bait.com/read.php?cataId=NLC001009&num=1558&tcataId=oldcolumn

図 5-4

行の、カトリック高校のための宗教科教科書(二〇〇二年版)を翻訳した。カトリックの教科書らしく、一九六〇年代の第二ヴァチカン公会議により、他宗教との対話やキリスト教内部のエキュメニズム(融和)に取り組むようになったことへの言及がある。だが、ここまでにあげた五カ国の教科書に比べると、国内の諸宗教に対する寛容の必要性が強調されるということはない。おそらくその一因には、カトリックは多数派側でないことがあるだろう。

むしろこの教科書には、儒教的伝統に対する批判の要素が読み取れる。国内の男尊女卑や身分差別の慣習に対して、大いに啓発的なのである。

一例をあげれば、第一章の「外見が人生の成功と幸福を左右するのか」という節では、美容整形やダイエットの問題が扱われている。それらは女性を見かけで差別する風潮からくるものであるときびしく指摘している。

ダイエットイベントで話題になった芸能人や、整形手術で波紋を呼んだミスコリアの背後に隠れている問題性とは果たして何なのか。ここには韓国社会の二つの構造的問題が潜んでいる。一つは女性を手なずけ、統制しようという家父長制構造であり、もう一つは女性の体を利用して金儲けをしようとする資本主義の構造だ。

この二つの構造は互いに密接に絡み合いながら、現代を特徴付ける女性の体を作り出している。男性が女性を支配するこの社会で、女性の体は女性自身のものというより男性の所有物や性商品として扱われている。純潔や貞操という名のもとに、女性の性的決定権は男性によって統制され、美しさやセクシーさという名目で女性の体は与えられた規準に合わせて作られていく。まさにフーコーの言う身体の政治学である。……

（『世界の宗教教科書』ｉ1　古田富建訳、川瀬貴也監訳）

この箇所では、教科書が明確に一つの立場をとり、それをメッセージとして発している。だがそれは、宗派教育ゆえに許される単なる護教論ではない。欧米では全く逆に、カトリックは女性差別的、身分差別的な宗教と（とくにプロテスタント圏では）位置づけられてきたが、韓国のカトリック界はむしろそういった旧弊に対抗する位置に自らを置き、教育上の役割を果たそうとしているのがわかる。

とはいえ、それらを「儒教のせいだ」として宗教を名指しで指弾する箇所はない。儒教を貶めることで自らの価値を高めるという図式にはなっていないのである。

＊

以上のような各国の論争や事例は、つまるところ、宗教を教えるときの「中立性」とはどういうことなのかをめぐって展開されている。そしてそのいずれもが、よりよい解決策を見つけだそうと、批判にさらされながらも試行錯誤している。グローバル化、多民族化の流れという社会状況の中で、オウム真理教事件や同時多発テロ事件等を経て、この問題が海外でも日本でも改めて浮上しているのである。

6章　宗教を語りなおすために

1〜4章で、日本の教科書の宗教記述が偏っているという問題を論じてきた。5章で、海外では、宗教の教え方をより中立にするために試行錯誤が続けられていることをみた。それらを参考にしながら、日本は今後、どうすればよいのかについて最後に考えてみたい。

宗教を学ぶとはどういうことなのか

まず、公立校を含む学校で宗教を学ぶのは、何のためなのかをもう一度みなで考え、目的を共有したうえで、その目的に合わせて、学習内容と適切な教育方法を選ぶべきときに来ているのではないかと思う。

大前提として、そもそも宗教は学校で教えられるものなのか、あるいは教えるべきなのかと問う人たちもいるだろう。そのような疑問は、主に二つの考えから発せられることが多い。

一つは、宗教はどのように教えるにしても、一種の思想教育になってしまうのではないかというものである。教育で取り上げること自体、宗教にそれだけの価値があると認めることになるし、逆に宗教は無意味だと批判するために取り上げるとしたら、それは信仰をもつ生徒に対しての影響が懸念されるという意見である。

もう一つは、学校の教師の多くは、牧師や僧侶のような宗教の専門家ではないので、宗教を誤って教えてしまうのではないか、それくらいなら全く扱わないほうがよい、宗教の教育は各宗教団体に任せてほしいという意見である。

これら二つの意見に抗して、日本のみならず、信教の自由を尊重する国々で、宗教が公立校でも教えられている。その理由としてよくあげられるのは、一番目の意見に対しては、目的は信仰の植えつけではないこと、宗教は人間の営みの一部である以上、それを授業内容から外すことは文化・社会の理解を不十分なものにしてしまうことなどである。たとえば、欧州評議会の「多文化共生教育のための宗教理解教育」運営委員会による二〇〇七年の勧告では、次のように表現されている。


宗教は、少なくとも、「文化的事実」の一つであるという合意を形成すること。宗教が「文化的事実」である、ということの意味は、宗教は、言語や歴史・文化的伝統のような他の要素とともに、社会生活や個人の人生に寄与しているということである。

(Draft Recommendation on the Religious Dimension of Intercultural Education)

(「少なくとも」という言葉が添えられているのは、「宗教は文化の一部である」といい切ってしまうと、「宗教は芸術や衣食住といった文化と並立関係にあるのではなく、それらを超えたものだ」という反論が必ず出てくるためである。)

また、宗教の教育を学校ではなく、宗教団体に任せてほしいという二番目の意見の類に対しては、

世界に対する宗教的理解・哲学的理解、あるいは信念は、生徒の家族や所属する共同体によって、あらかじめ完全に規定されてしまうべきではない。それらは生徒個人の学習や経験に基づいて発達するものである。(同右)

という説明がなされている。学校で教わることは、教会で教わることと違うかもしれないが、どちらをとるかという自由が生徒には与えられるべきだという見解である。

極端にいえば、科学教育も一種の思想教育、価値教育とみることはできるし、学校の中と外で異なることはある(たとえば、地球温暖化の原因をどうとらえるかという問題をめぐっても、そういった対立は起こりうる)。それでも科学は学校で教えられている。したがって、「そもそも宗教は学校で教えられるものなのか、あるいは教えるべきなのか」というこの問題は、宗教

(信教)の自由というものは、どのくらい特別視すべきものなのかにかかっている。一番目の意見は、宗教的信仰を科学的信念がとても及ばないほど、特定の価値や思想を強制する力をもっているとみなすわけだが、そうなのか。二番目の意見は、宗教的信仰は、科学的信念とは異なり、教育の場では批判や異なる意見にさらされないよう、徹底的に守られるべきものだとみなすわけだが、そこまで特別なのか。

本来であれば、これらについて合意ができたときに、学校で宗教を教えるかどうかの判断は正当なものになるのだろう。現状では、宗教の自由はそこまで特別なものではないという了解のもとに、宗教は公立校でも教えられているのである。それは現実的な選択だが、合意形成を一つ飛び越していることは、改めて認識しておくほうがよいだろう。

また、もう一つ注意を促しておきたいのは、歴史をふりかえるならば、宗教を学校で教えないという選択をする場合は、それは単にそれだけのことでなく、かわりに教えたいものがあるからそうするというケースが往々にしてあったことである。教えないという選択の背後に、別の思想教育が隠れていたのである。

現在の宗教教育(とくに宗教的情操教育)の推進者は戦後教育を批判する人たちなので、さぞ戦前は宗教教育が盛んだったのだろうと思ってしまいがちだが、これは正確ではない。明治から終戦までの当局の宗教教育に対する姿勢はもっと微妙であり、全体的にみれば、いかなる種類の宗教教育にも消極的だったというほうがむしろ実情に即しているくらいである。

それは教育勅語に体現された国家主義のイデオロギーと宗教が衝突してしまうことを恐れたからである（一八九一年、内村鑑三が教育勅語への礼拝を拒否した不敬事件に発する「教育と宗教の衝突」論争）。今日から見れば教育勅語にも「宗教性」はある。建国神話や儒教的な徳目という内容も宗教的だし、そしてそれがいわゆる国家神道体制を支えたという役割も宗教的ということができる。しかし、当時の政府はこれを「宗教的」とはみなさず（神道非宗教説）、日本は公教育と宗教を分離しており、信教の自由という近代的原則に従っているとしていた。一八九九年（明治三二年）、学校では、課程外であっても「宗教上ノ教育ヲ施シ」たり「宗教上ノ儀礼ヲ行フ」ことはならないという訓令が文部省から正式に出された（「一般ノ教育ヲシテ宗教外ニ特立セシムルノ件」明治三二年文部省訓令第一二号）。

その文部省が宗教教育に好意的になるのは昭和に入ってからである。宗教教育はマルクス主義という新たな勢力への対抗手段としての役割を負わされることになった。それが表に現れたのは一九三五年（昭和一〇年）の通牒「宗教的情操の涵養に関する留意事項」である。そこでは、公立校での宗派教育（特定の宗教の信仰のための教育）は許されないが、人格の陶冶のために「宗教的情操の涵養を図るのは極めて必要である」とされた。宗教心は素直なよい子をつくるから、学校でもこれを育むべきだという正当化がなされたのである。ただしこれにも、教育勅語に矛盾するような内容・方法の宗教的情操教育を行ってはならないという注意書きが添えられていた。つまり、かりに宗教的情操教育で命を大切にと教えたとしても、戦地に赴くことが命ぜられれば、その忠君の徳のほうを優先しなくてはならなかったのである。

国家神道と同列に置くわけではないが、一九〇五年以降、フランスで公教育から宗教が徹底的に排除されていったのは、共和主義を国是としたためであった。それは当時、カトリック教会という旧体制に対抗することを意味したが、今日では、公立校でのスカーフ禁止に象徴されるような、移民に対する一方的な同化政策と化していることが問題視されている。このように、学校教育と宗教を切り離せば、個人の自由は守られるかというと、必ずしもそうではないことにも注意が必要である。

宗教を学ぶ三つの目的

それでは、学校で宗教を教えるという選択をする場合は、今後どのように取り組んでいくとよいだろうか。ちょうど哲学・倫理学の学者たちも、高校の倫理の授業や教科書を変えようという運動を起している。倫理教科書における哲学教育は、哲学者の思想を知識として学ぶことが中心だが、これを自らも考える形に転換していこうというのである。哲学史的知識ももちろん必要だが、論理的に考える、あるいは「そういいきれるだろうか」と批判的に考える力が国際的にも重視されている現状を受けてのことである。

そのことも踏まえて、議論を広げるために、従来の宗派教育、宗教的情操教育、宗教知識教育の呼称をいったん外し、それぞれの教育の「目的」に注目した表現に置き換えてみたい。宗派教育は、特定の宗教の信仰を育む教育であるので、宗教系私立校用として脇におく。宗教的情操教育と宗教知識教育の目的を、新しい哲学教育と共有できる表現に置きなおせば、三つに整理できるように思う。それは、人格形成のための教育、異文化理解のための教育、論理的・批判的思考力や対話能力といったコンピテンシーを身につけるための教育である。

人格形成のための教育は、学習指導要領で「生き方に関する教育」などとも呼ばれてきたものである。本書1・2章でみてきたように、現在の公民科の倫理の問題は、これが「イエスやブッダの教えからよいところを取り入れて、自分を高めましょう」という形になっているため、宗派教育化していることだった。倫理の授業の発足時は、「宗教を教養として学ぶ」イメージがこれしかなかったのだろうが、現在、生徒たちの民族や宗教が多様化しているケースもあることを考えれば、このスタイルは信教の自由に抵触しやすい。

コンピテンシーを身につける教育とは、宗教に関連づけると、論理的・批判的思考力や対話能力を宗教的題材を通して鍛える教育ということになる。その例を、本書では、イギリスやドイツの宗教科教科書にみてきた。対話能力はケベック州の宗教科で掲げられていた形のものであれば、日本の公教育にも適用できる。ただし、この論理的思考力や対話能力を鍛える教育は、哲学や宗教の教育に固有とは言いがたい。題材は宗教からとるとしても、コンピテンシーは他教科でも育成できる汎用的なものである。それでも、時代に合った宗教を学ぶことの目的の一つに入れることはできる。

その点、異文化理解のための教育は、宗教を文化の一部ととらえれば、宗教を対象とすることによってしか学べない部分がある。イギリスのウォリック大学制作の教科書などは、その代表的な実践例である。多様な宗教を理解するための教育は、日本では、倫理だけでなく地理、歴史、現代社会等の中にも認められるが、しかしそれらが偏見・差別を生む可能性をもっていることは3・4章でみてきたとおりである。

以上の三つの目的のうち、とくに宗教の〈中身〉にかかわる人格形成のための教育と異文化理解のための教育について、次に改善策を考えたい。

人格形成と宗教

これまで、倫理の教科書がとってきた宗派教育的論調が問題視されなかったのは、そこで教え込もうとしてきた価値観が、社会的弱者の救済、絶対平和主義、環境倫理等の、戦後の教育界にとって違和感のない種類の価値だったということもあるだろう。新学習指導要領に「生命に対する畏敬の念」が付け加わったこともあり、これからは、命を大事にせよとの、いわゆる「いのちの教育」調の記述が目立つようになるかもしれない。平和も環境保護も、生命尊重に変わりないが、直接的には自殺や殺人を思いとどまらせるための教育である。

しかし、この種の「いのちの教育」も、「イエスは／ブッダは／○○教は、命を大事にします。これはあなたにも必要な教えです」形式になると、1・2章で指摘した問題がまた反復される。すなわち、特定宗教に誘うことになったり、宗教を一面的にとらえたりといったことである。極論すれば、「命は大事」と説くこと自体が、宗教めいていると感じる人もいるだろう。

かりに、必要な教育だから、そういった問題は気にしないことにしようという合意ができたとしても、それが本当に有効かどうかはなお考える余地がある。生命が大事であることに異論はないが、それを教室で規範的に教え込もうとするならば、皮肉な逆説も生じる。それに反発することが、生徒にとってはある種の自由や勇気の行使になり、一部の人々には裏返しの形で価値をもつかのように見えてしまうこともありうる。

たとえば、無差別的な殺人事件を起こした同世代の人物について、ネット上で「かっこいい」とか「神降臨！」といえてしまう若者たちが存在するのは、「いのちの教育」が不徹底だからなのか、それとも「いのちの教育」が構造的にはらむねじれ現象からくるのか、あるいはもっと別の問題に起因するのかは、慎重に検証してみる必要があるだろう。

とくに公教育が頭ごなしに「死ぬな・殺すな」と説くと、「誰のために？　結局は日本人がこれ以上減ると、経済上も国防上も困るから？」と勘ぐる人すら出てくる。数年前に、「『命は大切だ』『命を大切に』そんなこと何千何万回言われるより、『あなたが大切だ』と誰かがそう言ってくれたら、それだけで生きていける」という、公共広告機構（現ACジャパン）による自殺防止キャンペーンがあった。他者、とくに身近な人からの認知が、命に先行して求められている。若年層の自殺は孤独死とは異なり、他者をともなうものが、また殺人は無関係な他者を巻き込むものが目立つが、そのことは、他者からの認知がないままに孤独へと追いつめられた若者が、死をもって他者とかかわりたい、他者に認知されたいという願望を果たすといった逆説を示しているようにさえみえる。

ではどうするか、というのは、あらゆる人につきつけられた問いである。従来は、この種の教育に宗教を用いることとは、異文化理解のための宗教教育とはかなり異なるものとされてきた。みてきたように、かたや道徳教育的、かたや知識教育的だからである。だが、イギリスのウォリック大学制作の教科書などをみると、その間に橋を架けることで、規範主義に陥らないような「いのちの教育」が可能かもしれないと思う。

先に紹介した『イスラム教徒たち』では、ムスリムが死をどうとらえているかについて、子どもたちとその親へのインタヴューが載っている。「死後の世界」という単元である。その一

部を紹介すれば、

シャジアは言います。

「モスクでは人が死んだらどうなるかも勉強しました。お墓に入って、そしたら天使が来て、なぜこんなことをしたんだ、なぜあんなことをしたんだと聞かれるんです」

シャジアのお父さんはこう付け加えます。

「私たちは死ぬのは恐くありません。恐いのは神の審判です。神が、死者の心臓や、目や、脳に対して、お前は神のために何をしたのかと聞くのです」

彼はこのことが人のふるまいに影響を与えていると言います。

「生きているうちに、悪いことをしてまんまと逃げおおせたとしても、逃げられるのは一度だけです。二度目はありません」

ナシームもこのことを信じています。

「この世では何でもできるけれど、審判の日にはその結果が出るんです。ムスリムは、いい人でいれば天国に行くし、悪い人ならば地獄に行くと信じています」

（『世界の宗教教科書』b8　穂積武寛訳）

このような子どもたちの自然な会話を通すと、なぜイスラムでは自殺が禁止されているのか、なぜそれに信者は従うのか、その理由が同じ中学生の子どもたちにも伝わりやすくなるのではないか。こういった文脈を含んだ「厚い記述」（C・ギアツ）なしに、「偶像崇拝禁止。豚肉禁止。自殺禁止」と戒律を列挙するだけだと、イスラムがとても遠いものにみえてしまいそうである。

そして、同単元には、次のアクティビティ（体験学習的課題）、「よく考えてみよう」が付されている。

ムスリムの死後の世界についての信仰は、彼らの人生の生き方に影響を与えています。死んだ後どうなるかについてあなたが信じていることは、あなたの今の暮らしぶりに影響を与えているでしょうか？　答えをムスリムのペンフレンドに対する手紙の形で書いてみましょう。そのペンフレンドは、自分の死に対する信仰をあなたに説明して、ではあなたの信仰ではどうですかと尋ねてきているとします。

（同右　穂積武寛訳）

（ペンフレンドからの手紙の内容は勝手に想像するのではなく、シャジアたちの発言をもとに組み立てるのである。）

このアクティビティが目指しているのは、生きる・死ぬに関して自分とは違うとらえ方をしている人たちをみて、その拠りどころとなる価値を知り、それを通して自分の考えを整理し、人生に対する理解を深めることである。これは、人それぞれでかまわないという相対主義を推進しようという教育ではなく、「死ぬな・殺すな」の規範の押しつけが生みだす過剰な反発を防ぐための一つの方策である。

異文化理解と宗教

他方、異文化理解のための宗教教育についてはどのような改善が必要だろうか。まず、いうまでもなく、宗教学の専門家の協力によって、宗教史の基礎部分を、諸宗教の序列化なしに語りなおしていかなければならない。しかし、専門家にまかせておけば、それで解決かというとそういうわけでもない。

二〇一〇年一一月、筆者のところに、ある民放のニュース・バラエティ番組のアシスタント・ディレクターから突然電話がかかってきた。番組で「宗教を学ぼう」という特集を組み、台本を作ったのだが、問題がないかをチェックしてくれないかという依頼だった。一週間後が本番なので急ぐという。社会貢献の一環だと思い、ボランティアとして引き受けた。だが、さっそくメールで送られてきた台本をみて驚いた。番組は、世界のニュースをわかりやすく解説するもので、人気が高かったが、台本はどうみてもにわか作りのものだった。

なにしろ、イスラムを「世界最多の大宗教」として紹介しているのである。どうやら、二〇〇九年にアメリカのシンクタンク、ピュー・リサーチ・センターが、「イスラム教徒が増えている」と報じたのを早とちりしたらしい。増えているのは確かだが、まだ一般の統計上はキリスト教徒を抜いてはいないし（たとえば『ブリタニカ国際年鑑二〇一〇』では、キリスト教徒は二二億六四〇〇万人、イスラム教徒は一五億二三〇〇万人）、また、そのときにピュー・リサーチ・センターが調査した対象はイスラムのみで、キリスト教に関してはデータを出していなかった。それなのに、この台本にはさらに、世界三大宗教は、ユダヤ教、イスラム教、キリスト教だと太字で書かれていた。

そういった事実確認ミスがいくつもあるうえに、全体のつくりが、「今年もイスラム教徒は世界各地でテロなどの武力衝突問題をこんなに起した」、だから「宗教が何なのかを知れば二〇一一年の世界情勢が見えてくる！」という構成なのである。

思わず頭を抱えてしまったが、それは、イスラム教徒は暴力的だとのイメージをメディアがまた広めているからということだけではない。一般の人に、「自分に信仰はなくても、宗教については知っておくほうがいい」と納得してもらうには、「知らないと危ないめにあうかもしれませんよ」と怖がらせるのがもっとも効果的、と番組制作者は思っているようだが、それは多かれ少なかれ、宗教学者や教育者もやっていることではないかと気づかされたからである。

すなわち、なぜ異文化理解として宗教を知ることが必要なのかを訴えるには、「さまざまな宗教の戒律やタブーを知らないとトラブルに巻き込まれるから」「宗教をとても大切な拠りどころとしている人たちがいるから」と私たち宗教学者も言いがちである。だがそうすると、宗教は紛争や対立のもと、ということが強調され、かえって先入観にもつながりかねない。

しかし、そうして恐怖心や危機感を刺激すること抜きに、みなに異文化として宗教を学ぶ意義を理解してもらえるかというと、心許ない。宗教を知っていると、観光地で名所旧跡の歴史がよく理解できますよといっても、あまり大勢はひきつけられないだろう。この番組のアシスタント・ディレクターも台本制作者も、これまで「必要ない」と思ったから宗教に関しては勉強しなかったのだろう。

「異文化理解」とか「多文化共生」と聞くと、自動的に「いいことだ」と受け取る人たちは教育界の内外を問わず多いと思うが、改めて、その文脈で宗教について学ぶことの意義を問うと、明快な答えを出すのは難しくなる。生徒には「世界の人と仲良くなるため」と教えがちだが、本書で述べたように、宗教に関する知識を増やすことは、必ずしも寛容には直結しない。

より正確に表現すれば、宗教を学ぶ意義とは、「他者の尊重」なのだろうか。ただ相手を認める、受け入れるという意味ではなく、共感することもあれば反発することもあるだろうが、いずれの場合も、まず他者とかかわるという意味での「尊重」である。すなわち、相手を理解したうえでの共感、または、反発しても、対立点について相手と討論することによる共存である。「好きにやれば」という無関心に基づく寛容でも、「気に入らない」からと抹殺しようとするのでもなく、ということである。

このことを十分に言語化していかないと、せっかく教科書を改良したとしても、学校の教師が使ってくれないことにもなりかねない。「宗教に関する部分が、何やら大きく変わったそうだが、勉強しなおすのも大変だ。学習要素はほかにいくらでもあるのだから、飛ばすか」となるかもしれない。実は、現在でも、宗教の分量が多い「倫理」を教える教師に限ってみても、宗教関係の単元は、得意とする人と苦手とする人がいるようである。「倫理」を教えるには、公民科の教員免許を取る必要があるが、その教職課程では、宗教学関係の授業を履修しなくても、免許を取得できるようになっている。

一例をあげれば、筆者の前任校である仏教系大学では、仏教学や哲学・宗教学を専攻する学生は、公民科の教員免許に必要な「教科に関する科目」(通常三〇単位以上)に、宗教関係の授業を多く含めることができる。ところが、臨床心理学や社会福祉学専攻の学生は、その三〇単位に、宗教関係の授業を一つも入れなくても、公民科免許を取得できるのである(つまり、心理学や福祉学の授業のみ履修していても同じ免許がとれる)。仏教系大学ですらこの状態なのだから、「倫理」を教える教員で、大学時代に宗教関係の授業を全くとったことがないという人は珍しくないだろう。
大学で授業をとったことがなければ、宗教関係は教える自信のない分野になりやすいのではないか。実際にうかがった話の中でも、「倫理」を担当していても宗教の部分は授業でほとんど触れないという教師はいるようだ。選択授業の場合は、センター試験対策であることが多いので、網羅的にやらざるをえないが、必修授業ならばそうではないので、とばしとばしやっても問題にはならないのである。大勢の生徒が受ける必修のほうが、宗教が外されやすいというのが皮肉な現状である。

そこを課題としつつも、さしあたりは宗教学サイドからは、偏見や差別を助長するような教科書の記述を一つ一つ見なおし、また宗教を宗教そのものとしてとらえる必要性を訴えるしかない。「宗教そのもの」という言葉の意味するところは、単に「宗教の良いところだけでなく、悪いところも教えよう」ということではない。倫理や現代社会の教科書は「宗教は本質的に愛の教えだ」と説き、他方、地理の教科書は世界の宗教紛争を取り上げ、「宗教の違いはよく対立の原因になる」と論じる。その間をつなげる教育が、どの科目でもなされていないのである。

本当は宗教を宗教として教える専用の科目がほしいところだが、それはどの分野を専門とする研究者も同じ思いだろう。だから、できるところから根気よく、ということになるだろう。

問題の認知を広げる

宗教を学ぶことの目的・理念を改めて確認したところで、次に、現実に教育を変えていくための具体的方策についてもいくつか提案をしたい。

本書では教科書の問題を論じてきたが、しかし、4章でも述べたように、実際には教科書の記述だけを改めることはできない。それは、学習指導要領、教科書検定の基準、センター試験の出題内容と連動しているからである。

それだけ広範囲にわたる構造そのものを変えるには、問題の認知を広めることから始めなくてはならない。本書の出版はその第一歩である。改めていえば、本書で論じてきた教科書の問題は、単に現在の学術的水準からみて個々の情報が古くなっているとか、厳密性が足りないといったことではない。ユダヤ教とキリスト教の関係をはじめ、異なる宗教の間には、日本の歴史教科書論争に匹敵するような、歴史観の対立、あるいは他者と自己をどう自己の世界観の中に位置づけるかという、アイデンティティの根幹にかかわる問題が存在してきた。戦争や植民地の歴史を読むときには、それがどちら側の視点に立つものかを意識せざるをえなくなっているように、宗教について書かれたものを読むときにも、それが誰から見たものかは考慮してしかるべきなのだが、これまではそこに反省が十分に及んでいなかったのである。ユダヤ教徒、ヒンドゥー教徒、上座部仏教徒といった人たちの視点に、教科書は概して想像力が及ばなかった。国際的教養の必要性を掲げながら、それらの人たちを隣人として意識することが足りなかった。

問題の認知を広めるに際しては、宗教に関する教育は社会科全般に及ぶので、科目・分野を越えて連携ができれば望ましい。教科書執筆者はもちろんのこと、センター試験、学習指導要領、教科書検定に携わる学者をつなげるネットワーク、そしてそれを学校教員と結ぶネットワークができるならば、変化を起こすことも現実的になる。どこから始められるかについては、学校教育に全くの新参者である筆者は教えを請うしかない。

他方、まだごく短期間ではあるが、教科書執筆者としての経験から提言できることは、まず何よりも、教科書会社に対して社会的にさらなる経済的サポートを、ということである。みたところ、昨今の不況による出版界の苦境は、教科書業界でも同じこと、いや、少子化の影響をダイレクトに受けるためにより深刻なようである。経費・人員削減により、教科書会社にはどうにも余裕がない。時間と手間をかけてよい教科書を作るということが、以前より大変になっているらしい。

今回の改訂にかかわる中で、筆者がもっともストレスを感じたのは、アドバイザーである高校の先生方に、出版社が会わせてくれなかったことである。どの出版社も、教科書の原稿に対して、何名かの高校教員に意見・要望を出してほしいと協力を依頼するようだが、少なくとも私がかかわったケースでは、ディスカッションの場はなかった。出版社の編集担当を介して、間接的にやりとりをして原稿を検討するのである。出版社に直接確認したわけではないので推測になるが、おそらくそうするのは、執筆者側が大学教員である場合、直接ひき合わせると高校の教員は遠慮して意見を言わなくなると思っているから、あるいはそのような検討会を設けると余分な時間と労力がかかるからではないか。検定を受けるために教科書制作にはタイムリミットがあるので、効率を優先させたいという事情もわかるから、長年の慣例に反してまで、協力者の先生方と議論させてほしいとは言いだせなかった。だが、「伝言ゲーム」では、互いの意見の意図が十分にわからない。とくに今回のように、宗教に対する根本的な見方の違いから発する問題などは、時間をかけて話しあわなければ通じるものではない。

これは個別の出版社の意識以上に、経済的環境の問題が大きいと思われる。ちなみに、アメリカでは近年、市場主義が教科書業界にも及び、出版社の経営統合・合併があり、三社に統合されてしまうということが起きた。教科書の内容も同質化していくのではないかと懸念されている。そういった経済的圧力に抗しながら、教科書・教育を改善していくことも大きな課題である。

教科書会社も宗教の記述に関しては、全く努力していないというわけではない。今回の改訂に際して、筆者に声がかかったのも、教育基本法に「宗教に関する一般的な教養」の尊重という文言が加わり、新学習指導要領でも社会科全般に宗教への言及が増えたことを受けて、出版社がその対策をとろうとしたためであった。

だが、出版社のやり方には、対症療法的なところがある。イスラムへの偏見が学界や教育界で話題になれば、イスラムを専門とする学者に、執筆陣に加わってもらうといった具合である。しかしそれでは、3章でその例をみたように、イスラムを擁護する過程で、図らずもユダヤ教や他の宗教を貶めてしまう事態も起こりうる。異なる科目の教科書間で、宗教に関する記述がばらばらな現在の状態も、現場での教えにくさの一因となっているだろう。諸宗教の記述について、学年・科目横断的に全体のバランスをみることのできる人間が、教科書制作にかかわっていくことが望ましい。

さらには、教科書を変えようとすると、必ず出てくるのはそれを使って教える教員の養成をどうするかという問題である。前述のように、まず宗教を教えることを最初から敬遠している教員たちもいる。積極的な教員にしても、かりにここで提起した問題を受け止めてくれたとしても、それですぐに授業改善が実現するわけではない。このところ多忙をきわめる学校教員にとって、授業ノートを変え、新たに教材を研究するのは時間がかかる作業に違いない。

現場の教員の中にも、宗教を独自に勉強し、教材を工夫している人たちは少なくない。しかし、ある都立高校で、そういった研究熱心な先生から、倫理の授業ではキリスト教の箇所でメル・ギブソン監督の『パッション』(二〇〇四年)を見せると聞いて当惑してしまった。イエスの磔刑までの一二時間を描いた映画だが、欧米では反ユダヤ主義的である(つまり、昔ながらの、ユダヤ人をイエス殺しの悪人とする歴史観に則っている)と問題になったからである。たしかに、ほとんどキリスト教に接することなく成長してきた生徒たちには、何か映像でも見せないとなかなか話が伝わらないということはあるのだろう。だが、そうした生徒たちに対して、この映画は、ユダヤ人描写の問題性のほかに、凄惨なシーンが多いので、キリスト教のイメージ形成にどういう影響があるだろうかという点も気にかかった。もちろん、なまなましい流血を隠すのも、現代的な虚構ではあるので、どうすべきかは非常に難しいところである。

この例は、個人の個別の努力だけではなく、教員間や教員―研究者間の交流も必要であることを示唆している。教員免許更新の講習に、宗教を教える問題を考えるテーマを織り込むなど、既存の制度を利用する手も考えられるが、インターネットを活用して、気軽にいつでも参加できるフォーラムなどを作るのも有効かもしれない。図6‐1は、5章で触れた、国連の「諸宗教と諸信仰に関する教育」インターネット情報センターのホームページである。宗教に関する差別や偏見をなくしたいという学校教員・大学の研究者たちが、国境を越えて経験を語りあい、知恵や情報を出しあう場となっている。だが、使用言語は英語(機械翻訳により、アラビア語、フランス語、スペイン語、ロシア語、中国語に対応)だし、いきなり外国の見知らぬ教員と議論するというのは、どこの国でも大勢ができるわけではないようで、軌道に乗りだしたのはやっと最近である。宗教教育の蓄積があるイギリスなどでは、国内向けの、同種のウェブサイトが充実している。日本でも、二〇一一年に、宗教学の大学教員が中心となって、宗教文化教育推進センターとそのホームページを立ち上げた。準備はまさに今、整いつつある。

国連の「諸宗教と諸信仰に関する教育」インターネット情報センターのホームページ.
http://www.aocerb.org/

図 6-1

授業のサポートとして

実際の授業実践を考えるなら、教科書だけでなく、その指導書や資料集にも手を加えていく必要が出てくる。また、単に知識面だけ、情報の内容だけに気を配ればよいというわけでもない。アクティビティやワークを含めた授業例の提示があると、現場も取り組みやすくなる。

前述の欧州評議会の「多文化共生教育のための宗教理解教育」運営委員会は、筆者の三分類でいえば、主に異文化理解として宗教教育を位置づけるものだが、その取り組みから生まれた授業例を紹介したい。この委員会は、多文化共生のためには、ただお互いの宗教や文化の知識を増やせばよいわけではなく、寛容という姿勢を育むことが必要だとの認識を共有している（その点では、表面的には異文化理解教育だが、人格形成やコンピテンシーの獲得にも及ぶ教育であるといえる）。以下は、そのためにイギリスで試された実践例である。『宗教の多様性と異文化理解教育』（John Keast, *Religious Diversity and Intercultural Education: A Reference Book for Schools*, Council of Europe Publishing, 2007）というガイドブックに掲載されたものである。

授業のテーマは「他者を尊重《リスペクト》するとはどういうことか」。実際に他者を尊重することが必要になるようなシチュエーションをグループで寸劇風に演じながら、尊重とは何かを具体的に理解するというものである。あげられているシチュエーションからいくつかピックアップしてみよう。場所はイングランドの学校という想定である。

①　臨時教員のフセイン先生は今週はクラスFの担当だが、生徒たちは先生を困らせてばかりだ。あげくの果て、金曜になると生徒の一人がこう言った。「先生はムスリムだよね。ムスリムは金曜は仕事しちゃいけないんじゃないの？　先生が学校にいるのは変だよね」。フセイン先生は顔を真っ赤にして黙っていた。すると、それまで先生を困らせていた生徒の一人だったデイヴィッドが、突然立ち上がって先生をかばった。「だまれ

よ。宗教の決まりは、先生が自分でどうこうできることじゃないんだよ。先生の信仰をみんなも尊重しなくちゃいけないよ」。（デイヴィッドの「尊重度」は何点？）

② 学校近くのヒンドゥー教寺院に、全学年で見学に行くことになった。入口には「靴を脱いでください」という指示があった。シャロンとカレンは、靴箱に自慢のすてきなシューズをしぶしぶ入れた。そして小声でずっと文句を言い続けた。「なんで靴を脱がないといけないの？　私たちはここの神様を拝みにきたんじゃないんだから、見学だけなんだから、靴をはいたままでもかまわないじゃない？　買ったばかりのいいシューズなのに、盗まれたらどうするのよ？」。でも、彼女たちは大声をあげることはなく、最後に案内してくれたヒンドゥー教徒にお礼を言った。靴箱に靴はちゃんと入ったままだった。（シャロンとカレンの「尊重度」は何点？）

③ ジョナサンとイクバル（「ジョナサン」はイングランド人の名前、「イクバル」はムスリムの多いパキスタン人系の名前）は、今年に入ってから学校で三回けんかをした。三回目には二人とも自宅謹慎になった。ところが、週があけると、休み時間にまたジョナサンが運動場にいるイクバルに突っかかってきた。イクバルは倒れ、立ちあがったが、膝から血が流れていた。イクバルはゆっくり言った。「わざとやったんじゃないよね」。声にすごみがあったので、場は一瞬、シーンとなった。そこでジョナサンは「ごめんよ、わざとじ

ゃなかったよ」と言い、そして二人は別れた。（ジョナサンの「尊重度」は何点？）

④ローズは転校生（定住しないロマ族の子ども）で、学期の途中からクラスに加わった。彼女はたいてい一人でいて、友だちはあまりいなかった。二週間後、クラスのリーダー格のアンナが、ローズをつついて助言をした。「ジプシー（ロマ族）文化はあなたにとって大切かもしれないけれど、それに閉じこもってないで、もうちょっと人づきあい良さそうにしないと、永遠に友だちはできないわよ」。ローズはとてもどぎまぎしたが、こう答えた。「アンナ、あなたが最初からそんな態度じゃ、私もあなたと友だちになれないわ」。二人は一瞬お互いをまじまじと見たが、アンナはこう続けた。「わかったわ。土曜日に私たち、映画を見にいくんだけど、一緒に来る？」。（アンナの「尊重度」は何点？）

（*Religious Diversity and Intercultural Education*）

こういったシチュエーションを九つ演じてみて、それぞれの登場人物の「他者尊重度」を点数化し、誰が一番低いか、高いかの判断をグループで突きあわせ、判断が違えばなぜそうなったかをディスカッションする。そして、それぞれの場面で問題になっている差別は、どのような差別なのか（宗教差別、民族差別、性差別のどれか）を話しあう、というように授業は進んでいく。

続いて、他者を尊重することに関して、各宗教の信者たちはどう考えているかを生徒たちに読ませる。

キリスト教徒たち「キリストにおいては、男性も女性も、ユダヤ人もギリシャ人も、奴隷も自由人もなく、みな一つの家族である、と聖書には書いてあります。私たちクリスチャンは、神はすべての人を際限なく愛し、私たちもそうすべきだと信じているので、他人に偏見をもつことは絶対に許されません」

仏教徒たち「生きとし生けるものに対する慈しみの心をブッダは説いた。私たちは、瞑想を通して、他人を傷つけないよう注意し、害を及ぼさず暮らすよう心がけなければならない。正しい言動によりすべての人に対し尊敬を表すような生き方を探すことが私たち仏教徒の目標だ」

ヒンドゥー教徒たち「すべての命には、神の火花が宿っている。あらゆる兄弟・姉妹の中で燃える神の火を尊重しなくてはならない。ヒンドゥー神話や伝説には、神が乞食《こじき》などに身を変えてあなたのところにやってくるという物語が多い。だから、すべての人に公平に接し、その人の中の神の火花を讃えなさい」

ムスリムたち「神〔アッラー〕はすべてのものの創り主。だから誰かが他人を軽蔑する理由はどこにもないはず。神がすべてを裁くのだから、人間は、他人に対する態度に責任をもたなくてはいけない。神は慈悲深いから、たとえ誰かがあなたの気に入らないことをしても、そこからあなたは学ぶことがあるはず。イスラムは世界中の人たちが尊敬しあうための基盤を提供している」

（同右）

そして、九つのシチュエーションの各人物は、これら仏教徒、キリスト教徒、ヒンドゥー教徒、イスラム教徒のうち、誰から学ぶ必要があるかをグループで考えさせる。たとえば、ジョナサンはキリスト教徒かもしれないし、無宗教かもしれないが、他人を傷つけない仏教徒の態度に見習うべきものがあるのではないか、などと議論するのである。

最後に、学校を互いに尊重しあう場にしていくにはどうしたらよいか。そのために教員、生徒、その他の人たちがすべきことは何かを話しあい、計画書を作成しよう、とある。ざっとこういった内容の、四〇分×二回分の授業である。

この授業案の提供者によると、実施時の目にみえる効果としては、この案は、尊重することの意味を、具体的で興味喚起的なやり方で、オープンに話しあうにはよい方法であるとわかり、生徒も楽しんで参加したとのことである。他にこれを試した教員たちからも、実用的で、取り組みやすく、生徒にいろいろと考えさせるのでよいというフィードバックがあったという。

しかし、この授業案を、人の名前や宗教を入れ替える程度で、日本の学校に適用することは難しいだろう。日本の学校でも外国人生徒は増えているが、とっくみ合いのけんかをしたり、宗教をネタに嫌がらせをしたりというケースはそれほど聞かないからというだけではない。それぞれのシチュエーションに、「他者尊重度」を点数化せよという指示がついているところで、日本の教員や生徒はかなりとまどうのではないかと思うためである。一〇段階評価をすることになっているが、何を基準にしたらいいのかが書かれていないのである。イギリスの授業では、そこがまさにディスカッションの対象になり、各自の判断基準をすり合わせていくのだろうが、問題には「正解」が用意されているという発想に慣れている人たちには、とりつく島がないと見えるのではないだろうか。

実際、日本では、欧米流の、自ら考えさせる教育、正解を与えない教育を導入しようとしても、教員側もそういった教育を受けていないので、ハードルが高いという話はよく聞く。外国にいかにおもしろい授業実践例があっても、それを紹介するだけでは足りないのである。だが、宗教教育としてではなく、国際理解教育や異文化間教育というカテゴリーで、研究・実践を続けている研究者・教育者の輪は、日本にもすでに存在している。授業実践事例集もいくつも出版されている。そのノウハウを学び、宗教を教える場合に適用したり、あるいはその輪に参入し、宗教理解という側面から協力していくということは、実現可能性が高い。

教科書をどう変えるか

以上は人を多数動員するプランだが、筆者が倫理の教科書執筆者として個人的に取り組んでいることもいくつか述べておきたい。先に、「倫理や現代社会の教科書は「宗教は本質的に愛の教えだ」と説き、他方、地理の教科書は世界の宗教紛争を取り上げ、「宗教の違いはよく対立の原因になる」と論じる。その間をつなげる教育が、どの科目でもなされていない」と述べた。筆者が都内の高校をまわっていたときのことだが、倫理担当の教員の一人から、「なぜテロを正当化する宗教があるのかを、教科書できちんと説明してください」という要望を受けた。二〇〇一年の同時多発テロ事件を授業でどう扱うかに話が及んだときだった。ちょうど、倫理教科書の改訂事項の一つが、最終章「現代の諸課題と倫理」に「文化と宗教」の節を設け、諸宗教の共存などについて考えさせるようにというものだったので、さっそく次のようなコラムを書いてみた。

◇なぜテロを正当化する宗教があるのか

最近の主なテロ事件には、イスラム教徒の国際テロ組織がかかわり、テロを「聖戦」とみなしていると指摘されている。そうだとしたら、本来、人を救うはずの宗教が、テロを正当化していることになる。それはなぜだろうか。

これについては、相反する二つの考え方がある。一つは、テロにかかわる者は、イスラムを歪めて解釈する、ごく一部の過激な信者である、本来のイスラムはテロを認めないとするものである。もう一つは、イスラム諸国の貧しい人たちは、すでに欧米諸国から被害を受けているのだから、テロは正当防衛である、それを彼らの神が認めたと彼らが解釈することには一理あるとするものである。これは根本的には、宗教そのものの問題というより、許されざる武力行使とやむをえない武力行使を分けることはできるのかという問題につながる。


「なぜテロを正当化する宗教があるのか」というタイトルは、予断が入っているようにみえるので、若干変えることになったが、このコラムは出版社に採用された。

紙幅に余裕があれば、これは別にイスラムに固有のことではなく、どの宗教についてもいえると入れたかったのだが、これで字数制限ギリギリというのが、教科書執筆のつらいところである。そこで、キリスト教については、第二章の「キリスト教」の節の導入部分で、ミケランジェロの「最後の審判」の絵が紹介されていたので、そこに加筆して、キリスト教の愛と裁きの両面をつなげてみた。

〈修正前の文章〉

◇愛の教え

キリスト教では、人間は罪深い存在とされ、人間を超えた絶対者としての神とのかかわりの中で人間の生き方がとらえられる。イエスの十字架の死は全人類の罪を贖うもので、すべての人間を愛する神の愛を示すものとされ、神の愛を信じて、神を愛し、同時に人を愛すべきことが説かれる。キリスト教は、ギリシャ思想とともに、その後の西洋の文化の基礎をなすものとなった。

〔「最後の審判」のキャプションとして〕この世の終わりにキリストが再臨し、すべての人々に裁きをくだす。左側に天国にのぼっていく人々、右側に地獄に落ちる人々が描かれている。

〈筆者による、修正の提案〉

◇愛の教え

ギリシャ思想とともに西洋文化の基礎となったのはキリスト教である。その開祖、イエスの教えの中心は「愛」だといわれる。人間は罪深いが、神はそのような人間を救おうとする愛をもっている。人間はそれを信じ、神を愛し、また他の人間をも愛すべきだという教えである。だが同時に、この神は人間を裁く「義(正義)」の神でもある。キリスト教徒の多くは、この世の終わりに神による最後の審判が開かれ、罪を悔い改めぬ者は地獄に落とされると信じてきた。今日に至るまで、神の義の側面は、ときとしてキリスト教徒の戦争を正当化し、愛の側面はそれを超える平和主義を生みだしてきた。

〔「最後の審判」のキャプションとして〕キリストを中心に、左側は天国にのぼる人々、右側は地獄に落ちる人々。

出版社に提出する前に、教えている学生にこれを読んでもらったら、「先生、「愛の側面はそれを超える」っていうところは、キリスト教にまだまだ甘いですよ」という学生がいた。そこで、最近の日本では一神教へのバッシングが強いので、その偏見も考慮すれば、このくらいが落としどころだと彼には弁明したのだが、結局、この修正案は、字数超過のために出版社ではボツになってしまった。

宗教を「宗教」として語る、つまり宗教を現代的な価値観に引き寄せて説明するのではなく、むしろそれとの違いを知ってもらいたいという気持ちからは、次のような特別ページ(読みもの的な追加ページ)を提案してみた。キリスト教、イスラム、仏教の節が続いた後の、まとめ的な位置にくるページでもある。

宗教と倫理

◇宗教的倫理と世俗的倫理

　この章で取り上げてきた宗教は、人間がとくに死に際して直面する「生きる意味とは何か」といった根本的な問いに応答してきた。その点では哲学に似ているが、ここでは宗教の特徴をつかむために、伝統的な宗教に基づいた倫理観と現代的な世俗的（無宗教の）倫理観を比較してみる。世俗的倫理観では、たとえば「自由」は、自分の好きなことや利益を追求できることを指す。これに対し、多くの伝統的宗教では、自分の好きなことを追求する自由はよいこととはされない。むしろそこから離れることが、自由をもたらすと考えられてきた。キリスト教やイスラムでは、自由とはひたすら神にしたがうことによってのみ得られるものである。仏教では、欲望を捨てることが心の解放をもたらすとする。どちらも世俗的な基準では、自由というより不自由な状態である。

◇現代社会における宗教

　宗教はそのように現代的倫理観と対立する面ももつ。しかし、だからこそ現代人に宗教は必要だという見方も一方では出てくる。

自由を与えられた現代人の中には、職業や結婚など自分で何でも決めるというのは大変だと思う人もいる。あえてよい行いを選択しなくてはいけないのはなぜか、理由が見つからない人もいる。このため、善人は「いい子ぶって」おり、悪いことをするほうが、かえって正直なように見えてしまうこともある。

近代以前、宗教が社会の中心にあった時代は、宗教がそのような迷いを消していた。自分の生き方や他人とのかかわり方について、模範が明確だった。そして、善行を積めば来世で幸せになれるよと、よいことをするための動機も与えられていた。近代の世俗的な思想家の多くは、それは一つの物語であり、それに頼らず生きるべきだと考えた。だが、それは簡単ではなかった。そこで、宗教にしたがうほうがよいという考えが一部で盛り返してきたのである。

倫理という科目で宗教を学ぶことは、伝統的宗教と世俗的倫理の両方を知り、では自分はどうするのかを改めて考える際に意義をもつ。

ところが、これも丸々ボツになってしまった。お説教くさいと不評だったのである。筆者には、本書で論じてきたように、現行の教科書のほうが宗派教育的で説教調に感じられるのだが、編集者や協力者である高校教員の感覚は違うようだった。

さらに、各宗教の説明に一貫性がないという問題についても、この特別ページでなんとか補おうと、次のような文章を一ページ分提案した。世界宗教・民族宗教のカテゴリーの問題性も3章で述べたとおりだが、センター試験に出る可能性のある単語なので、外すわけにはいかない。また、倫理という点に照らした場合は、世界宗教・民族宗教と呼ばれる宗教について、異なる特徴がみられることもたしかである。キリスト教、仏教の対比にしても、同じことがいえる。そこで、根拠なき差別や序列化にならないよう注意しながら、次のようにまとめてみた。

宗教の種類による倫理観の違い

◇世界宗教と民族宗教

ユダヤ教、ヒンドゥー教、神道、各地の先住民宗教・古代宗教など、ある民族の中で自然発生した宗教を民族宗教という。それに対して、キリスト教、イスラム、仏教など、すでにあった宗教を改革しようとして一人の開祖が始めた宗教を世界宗教という。一つの民族にとどまらず、世界の人を救おうとしてきたためである(この分類は一般的だが、大宗教中心的であるという反省も起こっている)。

世界宗教には、倫理に関する共通の考え方がある。開祖たちは、人が何かに失敗したとき、「霊の祟《たた》りだからお祓《はら》いを」「誰かの呪いだから呪いかえせ」とはいわなかった。かわりに彼らの教えは、その人が生活態度を改め、日々善い行いを続けるための内面の力となった。この世の富や地位は真の幸せではないとする点も共通である。母胎となったユダヤ教やヒンドゥー教の輪廻思想も、お祓いではなく善行を促す面をもつが、現世的な価値には肯定的だった。

◇キリスト教と仏教

キリスト教と仏教の違いは、広くは唯一神教とインド生まれの宗教の違いである。唯一神教の神はあらゆることができ、人間を救うのも神の恵みである。神の天からのメッセージは啓示と呼ばれ、したがうべき真理とされる。唯一神教が理屈を超えたものを信仰し、祈ることを起点とするのに対し、ヒンドゥー教や仏教は瞑想により悟りを目指すことから始まった。悟るべき真理は世界の中にすでにあるのだが、人間はそれを見誤っている。それに自ら気づくことで救いが得られる。

この考えにより、ヒンドゥー教や仏教では社会を離れて瞑想に没頭することが肯定されてきたが、唯一神教では神のメッセージを実現すべく、社会にかかわり、さらに変革することがよいこととされてきた。ただし、歴史の中でどちらも多様化したことには注意が必要である。

残念ながら、これもまた全く出版社には採用されなかった。余計なことが多すぎる、そこまでのページに入っている学習要素(用語のこと)をもり込んで、整理する形で作ってほしいといわれたのである。テスト用の暗記重視の発想である。

このような調子なので、本書で論じてきたことに基づき、個人で教科書本文を変えるというのは、筆者の当初の予想以上に簡単ではないとわかった。ここに不採用原稿を載せたのは、討論の材料として、読者に活用していただきたいと思うためである。

木に布を巻きつけ，僧侶にみたて，伐採から守る上座部仏教の僧侶たち．人間中心的ではない伝統的宗教の発想と，現実の社会にかかわるという仏教の新しい姿勢が融合している(2006年，カンボジア，©by Sean Sprague/Painet Inc.).

図 6-2

倫理教科書については、望むらくは、大きな構成も変えたい。現在のように哲学史・思想史の中に各宗教の説明を入れ込むと、世界史や日本史の教科書と大差なくなってしまう。「先哲に学ぶ」という面からばかり宗教を教えることの問題も指摘したとおりである。宗教に焦点をあてる章を一つ作り、そこで筆者が先の「特別ページ」として試みたような、「宗教と倫理」

の関係、現在の世界の諸宗教の姿や、世俗社会との対立の問題などを正面から扱うことができれば、本書で指摘してきたような問題は、大幅に改善されるのではないかと思う。

だが、それには学習指導要領がそのように変わることが先である。また、「宗教に焦点をあてる章を新たに設けてほしい」という提案は、迂闊に行うと、宗教学が倫理学の縄張りを奪おうとしていると警戒されてしまうかもしれない。これまで、倫理の教科書作成を主導してきたのは、哲学・倫理学の分野の研究者たちだからである。縄張り争いにするのではなく、これからの教育に必要なものは何かについて、分野横断的に議論を深めることができたらと思う。

宗教について中立的に語ることはできるか

ここまで本書を読んでくださった読者は、筆者が「宗教について中立的に語ること」を求めていると思っているかもしれない。たしかに、諸宗教について、一方的な優劣の判断をせず、多角的な見方を教えることの必要性を説いてきた。しかし、そのような教育は「中立的」といえるだろうか。

問題は、「正しい宗教は一つだけだ」と自分の宗教を絶対的と信じている人たちにとっては、それは少しも中立ではないことである。諸宗教を平等に扱うというのは、それ自体が一つの価値である。それを共有しない人にとっては、知識のレベルであろうと、さまざまな宗教に触れさせられるのは苦痛になる可能性がある。自分たちの信念に反して、別の価値を強制されているると受け取られるということである。言い換えれば、「諸宗教に関する客観的な知識教育」は、現在の日本のような、世俗的社会の民主主義原理の中でのみ「中立的」なのである（付け加えれば、宗教は人間にとって害になるだけだというラディカルな無神論者たちにも、互いの宗教をリスペクトし学びあう公教育は中立的ではないと映るだろう）。

もちろん、「あなたも私も今住んでいるのは、神権国家ではなく、世俗的な民主主義社会なのだから、従いなさい。嫌なら自分の信仰に一致する宗教系私立校か、ホームスクールを選びなさい」（ホームスクールとは子どもを学校にやらずに、家庭で親の責任で教育すること。日本では「不登校」による場合が多いが、アメリカ等では公立校の方針が家族の宗教に合わないから、というケースが増えている）というように、政教分離制なのだから当然だと理屈をいうことはできる。だが、異なる考えをもつ他者とどのように共生するかが、これからの日本・国際社会の課題であるならば、そのような態度は逆に壁を厚くするだけだろう。

少なくとも必要なのは、公教育は宗教に関して中立であるべきだというとき、それはさまざまな立場の〝真ん中の地点〟という意味での「中立」ではないと認識することであろう。「正しい宗教を一つだけ学びたい」という人たちと、諸宗教を「教養として」学ぼうという人たちの中間点とはどのような教育になるのか。あるいは、本当にあらゆる宗教を平等に扱おうとしたら、教科書はどうなるのか。何ページあっても足りないということになってしまうだろう。

なにか特定の教科書や教育実践に対して、「それは中立的ではない」「偏っている」と批判することはできるし、それは必要なことでもある。しかし、中間点自体は一つの虚構である。同様に、タイと日本の公教育では仏教観が異なり、一方をもつ生徒に、悪意はなくても他方を自明のものとして教えると、それが押しつけになることは反省すべきである。だが、それは万国共通の仏教の教科書を開発すべきだということではない。重要なのは、教科書の一つ一つの記述が、どのような価値観に基づいているのかを意識することである。意識すればそこから距離をとり、自由になることも可能になる。逆に、より自覚的に、説明責任を果たしつつその価値を実現することも可能になる。現在の教科書の宗教記述の中途半端さは、このような意識――価値中立ではなく価値自由と呼ばれてきたもの――の欠如によるのである。

あとがき

本書は、二〇〇六年から〇八年にかけて、文部科学省の科学研究費補助金を得て実施した共同研究(基盤研究Ｂ「世界の公教育で宗教はどのように教えられているか――学校教科書の比較研究」)に多くを負っている。各国の教科書の翻訳・監訳・解説執筆をご担当くださったのは以下の先生方である。

西野節男先生(インドネシア)　名古屋大学大学院教育学研究科教授
市川誠先生(フィリピン)　立教大学文学部准教授
寺戸淳子先生(フランス)　専修大学文学部講師
伊達聖伸先生(フランス)　上智大学外国語学部准教授
久保田浩先生(ドイツ)　立教大学文学部准教授
矢野秀武先生(タイ)　駒澤大学総合教育研究部准教授
川瀬貴也先生(韓国)　京都府立大学文学部准教授
宮崎元裕先生(トルコ)　京都女子大学短期大学部初等教育学科准教授

アメリカ・イギリスの教科書の翻訳では、大正大学の阿部貴子先生、当時研究生・院生だった山梨有希子氏、穂積武寛氏、インドに関しては同じく院生だった澤田彰宏氏に大きな協力を得た。

さらに、研究会・翻訳プロジェクトの運営では大正大学の星野英紀先生、渡邊直樹先生、弓山達也先生、大正大学出版会、東京大学の島薗進先生、青山学院女子短期大学の鈴木俊之先生にもお世話になった。

以上の方々に対し、ここに厚く御礼申し上げたい。

同時に、本書中の事実誤認等の誤りについては、その責任はすべて筆者一人にあること、本書の主張もまた筆者個人のものであり、共同研究者の総意ではないことを申し添えたい。

筆者個人の判断の一つに、「イスラム」の表記がある。現在、専門家は、イスラム教を「イスラーム」と表記することが多い。長音記号が入るのは、アラビア語に近い発音にするためだが、「教」をとるのは、イスラムは西洋的意味での「宗教」とは異なるからとか、イスラームの語のなかに教えという意味が入っているからといった理由による。このため、現行教科書では、キリスト教、イスラーム、仏教という表記になっているものが多い。だが、それと同じことは、ヒンドゥー教やユダヤ教などにも当てはまるはずである。比較宗教を専門とする筆者としては、イスラム教の表記の問題は無視できないが、他方、一つの宗教だけを訂正するのには抵抗がある。このため、本書では中途半端な表記を用いていることをお断りしたい。

本書の原稿推敲中に、東日本大震災が発生した。その約一カ月後に開かれた日本宗教学会の理事会で、理事の一人から、「今、宗教学が社会に対して発するべきメッセージは、脱原発・脱経済成長の新しい生き方を「宗教に学べ」というものではないか」という発言があった。危機に際しては、宗教学に限らず、多くの学問分野が、問題解決のために立ちあがる。その際、特定の価値判断をともなう実践へと踏み切ることもある。本書は、それが研究者個人、あるいは研究者集団の活動にとどまらず、公教育という場で「宗教に学べ」というメッセージとして発される場合、どのような問題を生じうるかを論じてきた。

現代人が謙虚に過去の宗教から学ぶということの意義自体を否定するつもりはない。だが、公教育では、政教分離、生徒の多様性と権利といった、他に考慮すべき要件がある。それらを踏まえながらどう宗教を語っていくかの問題は、これまでも取り組まれていたはずだが、それが不十分であったことを、教科書の実態は示している。ではどう語れるのかについては、本書でも一つの試案を示したが、諸外国の具体的事例は参考になる。さらなる情報については、前述の共同研究の成果である、各国の教科書の翻訳（『世界の宗教教科書』大正大学出版会）、また、近刊の拙著『世界の教科書でよむ〈宗教〉』（ちくまプリマー新書）をご覧いただきたい。

最後に、岩波書店新書編集部の上田麻里さんにもお礼を申し上げたい。「国語教科書なら前例もあるけれど、宗教じゃあちょっと……」と、他の出版社が尻込みした本書の企画を、救いあげてくださったのは上田さんである。

二〇一一年五月

藤原聖子

主要文献

◆参照した海外の教科書

世界の宗教教科書プロジェクト編『世界の宗教教科書』DVD版，大正大学出版会，2008年．問い合わせ先：ティー・マップ ☎03-5394-3045. URL: http://rbunkashi.web.fc2.com/textbook.html

◇上に翻訳・収録されている9カ国の教科書のうち，本書で参照したものは次の通りである．

a アメリカ

1 Beverly J. Armento, et. al., *Across the Centuries,* Teacher's Edition, Houghton Mifflin Company, 1999.

2 G. S. Mann, P. D. Numrich, R. B. Williams, *Buddhists, Hindus and Sikhs in America*, Religion in American Life Series, Oxford University Press, 2002.

b イギリス

1 Margaret Barratt, *Buddha's Birthday*, "Bridges to Religions" Series, Series editors: Judith Everington and Robert Jackson, Heinemann Educational Publishers, 1994.

2 Margaret Barratt, *An Egg for Babcha*, "Bridges to Religions" Series, Series editors: Judith Everington and Robert Jackson, Heinemann Educational Publishers, 1994.

3 Margaret Barratt, *Lucy's Sunday*, "Bridges to Religions" Series, Series editors: Judith Everington and Robert Jackson, Heinemann Educational Publishers, 1994.

4 Margaret Barratt, *The Seventh Day is Shabbat*, "Bridges to Religions" Series, Series editors: Judith Everington and Robert Jackson, Heinemann Educational Publishers, 1994.

5 Margaret Barratt, *Something to Share*, "Bridges to Religions" Series, Series editors: Judith Everington and Robert Jackson,

Heinemann Educational Publishers, 1994.
6 G. Robson, *Christians*, "Interpreting Religions" Series, Series editors: Judith Everington and Robert Jackson, Heinemann Educational Publishers, 1995.
7 E. B. Wayne, J. Everington, W. D. Kadodwala, E. Nesbitt, *Hindus*, "Interpreting Religions" Series., Series editors: Judith Everington and Robert Jackson, Heinemann Educational Publishers, 1996.
8 S. C. Mercier, *Muslims*, "Interpreting Religions" Series, Series editors: Judith Everington and Robert Jackson, Heinemann Educational Publishers, 1996.

c インドネシア
1 Dra. Latifa et al., *Agama Islam: Lentera Kehidupan Sma Kelas* XII, Yudhistira, Bogor, 2004.
2 Achmad Farichi et al., *Agama Islam: Untuk Kelas* 1 *Sekolah Dasar*, Yudhistira, Bogor, 2004.

d タ　イ
1 Carat Phayakkharachasak, Kawi Isiriwan, *Nangsu'riang Sarakanrianru Phu'nthan Phraputthasasana* Mo 3, Watana Panich, 2005.

e ドイツ
1 Hans Mendle, Markus Schiefer Ferrari eds, *Religion vernetzt* 7, Kösel-Verlag, 2005.
2 Werner Wiater ed., *Kennzeichen* C 9, Auer Verlag, 2006.
3 Werner Wiater ed., *Kennzeichen* C 10, Auer Verlag, 2002.
4 G-R. Koretzki & R. Tammeus, *Religion entdecken-verstehen-gestalten* 7/8, Vandenhoeck & Ruprecht, 2001.
5 Helge Eisenschmidt ed., *Miteinander leben* 7/8, Militzke Verlag, 2004.
6 Helge Eisenschmidt ed., *Leben und Verantwortung* 9/10, Militzke Verlag, 2001.

7 Ursula Wilke ed., *Ich bin gefragt*, LER 7/8, Cornelsen Verlag, Volk und Wissen Verlag, 1999.
8 Ursula Wilke ed., *Ich bin gefragt*, LER 9/10, Cornelsen Verlag, Volk und Wissen Verlag, 2001.

f トルコ
1 Mehmet AKGÜL et. al., *DİN KÜLTÜRÜ VE AHLAK BİLGİSİ İLKÖĞRETİM* 8, SINIF, MEB, Istanbul, 2007.

g フィリピン
1 E. D. Antonio et. al., *Makabayan* 1, Proact Rex, 2004.
2 E. D. Antonio et. al., *Makabayan* 2, Proact Rex, 2004.
3 E. D. Antonio et. al., *Makabayan* 3, Proact Rex, 2004.
4 E. D. Antonio et. al., *Makabayan* 4, Proact Rex, 2004.
5 E. D. Antonio et. al., *Makabayan* 5, Proact Rex, 2004.
6 E. D. Antonio et. al., *Makabayan* 6, Proact Rex, 2004.
7 E. D. Antonio et. al., *Pilipinas: Ang Ating Bansa* 1, Proact Rex, 1999.

h フランス
1 Guillaume Bourel et Marielle Chevallier ed., *Histoire* 2de, Hatier, 2001.
2 Martin Ivernel ed., *Histoire géographie* 5e, Hatier, 2005.
3 Martin Ivernel ed., *Histoire géographie* 6e, Hatier, 2004.

i 韓　国
1 カトリック教育財団協議会編『高等学校 宗教』カトリック文化院，2002 年

◇他に参照したアメリカ世界史教科書
World History, McGraw-Hill/Glencoe, 2003.
Human Heritage, Glencoe, 2004.
World History: Connections to Today, Prentice Hall, 2005.
World History: the Human Journey, Holt, 2005.

主要文献

World History: Patterns of Interaction, McDougal Little, 2007.
World History, Thomson, 2007.
Journey Across Time, Glencoe, 2008.

2001 年同時多発テロ事件以前のものでは,
The Pageant of World History, Prentice Hall, 1990.
World History: Traditions and New Directions, Addison-Wesley, 1991.
Exploring World History, Globe, 1994.

◇他に参照したイギリス宗教科教科書・教材
Thinking Through Religion: God and Morality, Oxford U. P., 2003.
Thinking Through Religion: Beliefs, Questions and Issues, Oxford U. P., 2002.
This is RE!, 1-3, Hodder Murray, 2007.
GCSE Religious Studies: Complete Revision & Practice, Coordination Group Publications, 2005.
Student Handbook for Religious Education, Pearson Publishing, 2006.
Learning from Religion: Just a Thought, Hodder & Stoughton, 1996.
Learning from Religion: The Road to Somewhere, Hodder & Stoughton, 1997.
Exploring Questions in RE, 1-3, Nelson Thornes, 2005.
Think RE!, 1-3, Heinemann, 2005.
New Steps in Religious Education for the Caribbean, 1-3, Nelson Thornes, 2003.
Key Beliefs, Ultimate Questions and Life Issues, Heinemann, 2003.
Skills in Religious Studies, 1-3, Heinemann, 1998.

◆参考文献
藤原聖子「英米の事例に見る宗教教育の新たな方向性」『現代宗

教 2007』秋山書店，2007年.
――「宗教教科書を国際比較する」渡邊直樹編『宗教と現代がわかる本 2008』平凡社，2008年.
――「テキサス州の教科書論争と宗教の関係」渡邊直樹編『宗教と現代がわかる本 2011』平凡社，2011年.
Satoko Fujiwara, "Survey on Religion and Higher Education in Japan," *Japanese Journal of Religious Studies*, 32/2, 2005.
日本宗教学会「宗教と教育に関する委員会」編『宗教教育の理論と実際』鈴木出版，1985年.
江原武一編著『世界の公教育と宗教』東信堂，2003年.
江田昭道「研究ノート 「倫理」教科書の中の「仏教」について」『日本仏教教育学研究』18号，2010年3月.
――「高校「倫理」教科書におけるインド仏教――特に部派・大乗の記述について」『印度學佛教學研究』57巻2号，2009年3月.
笹岡広隆「教科書にみる密教関係の記述――変遷とその対応策に関する私見」真言宗豊山派総合研究院現代教化研究所『現代における仏教と教化』ノンブル社，2007年.
高橋哲哉『教育と国家』講談社，2004年.
石原千秋『国語教科書の思想』筑摩書房，2005年.
Numen, 55/2-3, 2008.
QCA, *Religious Education: The Non-Statutory National Framework*, 2004.
Ministère de l'Éducation, du Loisir et du Sport, "Establishment of an Ethics and Religious Culture Program," 2005.
Ministère de l'Éducation, du Loisir et du Sport, "Québec Education Program: Elementary Education," 2008.
Ministère de l'Éducation, du Loisir et du Sport, "Québec Education Program: Secondary Education," 2008.

藤原聖子

1963年 東京都生まれ
東京大学文学部卒業，シカゴ大学大学院博士課程修了(Ph. D.)
現在一東京大学大学院人文社会系研究科基礎文化研究専攻・文学部思想文化学科宗教学宗教史学 准教授
専門一比較宗教学
著書一『「聖」概念と近代』
『三大宗教　天国・地獄QUEST』(以上，大正大学出版会)
『宗教学キーワード』(共著，有斐閣)
『岩波講座宗教1　宗教とはなにか』(共著，岩波書店)
『現代アメリカ宗教地図』(平凡社新書)
『世界の教科書でよむ〈宗教〉』(ちくまプリマー新書) など

教科書の中の宗教
―この奇妙な実態

岩波新書(新赤版)1313

2011年6月21日　第1刷発行

著　者　藤原聖子《ふじわらさとこ》

発行者　山口昭男

発行所　株式会社 岩波書店
〒101-8002 東京都千代田区一ツ橋2-5-5
案内 03-5210-4000　販売部 03-5210-4111
http://www.iwanami.co.jp/

新書編集部 03-5210-4054
http://www.iwanamishinsho.com/

印刷・精興社　カバー・半七印刷　製本・中永製本

ISBN 978-4-00-431313-7　　Printed in Japan

岩波新書新赤版一〇〇〇点に際して

ひとつの時代が終わったと言われて久しい。だが、その先にいかなる時代を展望するのか、私たちはその輪郭すら描きえていない。二〇世紀から持ち越した課題の多くは、未だ解決の緒を見つけることのできないままであり、二一世紀が新たに招きよせた問題も少なくない。グローバル資本主義の浸透、憎悪の連鎖、暴力の応酬――世界は混沌として深い不安の只中にある。

現代社会においては変化が常態となり、速さと新しさに絶対的な価値が与えられた。消費社会の深化と情報技術の革命は、種々の境界を無くし、人々の生活やコミュニケーションの様式を根底から変容させてきた。ライフスタイルは多様化し、一面では個人の生き方をそれぞれが選びとる時代が始まっている。同時に、新たな格差が生まれ、様々な次元での亀裂や分断が深まっている。社会や歴史に対する意識が揺らぎ、普遍的な理念に対する根本的な懐疑や、現実を変えることへの無力感がひそかに根を張りつつある。そして生きることに誰もが困難を覚える時代が到来している。

しかし、日常生活のそれぞれの場で、自由と民主主義を獲得し実践することを通じて、私たち自身がそうした閉塞を乗り超え、希望の時代の幕開けを告げてゆくことは不可能ではあるまい。そのために、いま求められていること――それは、個と個の間で開かれた対話を積み重ねながら、人間らしく生きることの条件について一人ひとりが粘り強く思考することではないか。その営みの糧となるものが、教養に外ならないと私たちは考える。歴史とは何か、よく生きるとはいかなることか、世界そして人間はどこへ向かうべきなのか――こうした根源的な問いとの格闘が、文化と知の厚みを作り出し、個人と社会を支える基盤としての教養となった。まさにそのような教養への道案内こそ、岩波新書が創刊以来、追求してきたことである。

岩波新書は、日中戦争下の一九三八年一一月に赤版として創刊された。創刊の辞は、道義の精神に則らない日本の行動を憂慮し、批判的精神と良心的行動の欠如を戒めつつ、現代人の現代的教養を刊行の目的とする、と謳っている。以後、青版、黄版、新赤版と装いを改めながら、合計二五〇〇点余りを世に問うてきた。そして、いままた新赤版が一〇〇〇点を迎えたのを機に、人間の理性と良心への信頼を再確認し、それに裏打ちされた文化を培っていく決意を込めて、新しい装丁のもとに再出発したいと思う。一冊一冊から吹き出す新風が一人でも多くの読者の許に届くこと、そして希望ある時代への想像力を豊かにかき立てることを切に願う。

（二〇〇六年四月）

岩波新書より

宗教

『教行信証』を読む 親鸞の世界へ　山折哲雄
親鸞をよむ　山折哲雄
国家神道と日本人　島薗進
聖書の読み方　大貫隆
寺よ、変われ　高橋卓志
日本宗教史　末木文美士
法華経入門　菅野博史
中世神話　山本ひろ子
イスラム教入門　中村廣治郎
ジャンヌ・ダルクと蓮如　大谷暢順
蓮如　五木寛之
密教　松長有慶
仏教入門　三枝充悳
聖書入門　小塩力
国家神道　村上重良
お経の話　渡辺照宏
日本の仏教　渡辺照宏
仏教〔第二版〕　渡辺照宏
禅と日本文化　鈴木大拙　北川桃雄訳

情報・メディア

メディアと日本人　橋元良明
インターネット新世代　村井純
インターネットII　村井純
インターネット　村井純
デジタル社会はなぜ生きにくいか　徳田雄洋
ジャーナリズムの可能性　原寿雄
ジャーナリズムの思想　原寿雄
ITリスクの考え方　佐々木良一
ユビキタスとは何か　坂村健
ウェブ社会をどう生きるか　西垣通
IT革命　西垣通
報道被害　梓澤和幸
メディア社会　佐藤卓己
NHK　松田浩
現代の戦争報道　門奈直樹
未来をつくる図書館　菅谷明子
メディア・リテラシー　菅谷明子
テレビの21世紀　岡村黎明
インターネット術語集II　矢野直明
インターネット術語集　矢野直明
読書力　齋藤孝
新パソコン入門　石田晴久
広告のヒロインたち　島森路子
誤報　後藤文康
フォト・ジャーナリストの眼　長倉洋海
日米情報摩擦　安藤博
職業としての編集者　吉野源三郎
写真の読みかた　名取洋之助

岩波新書より

教育

赤ちゃんの不思議	開　一夫
日本の教育格差	橘木俊詔
社会力を育てる	門脇厚司
子どもの社会力	門脇厚司
子どもが育つ条件	柏木惠子
障害児教育を考える	茂木俊彦
障害児と教育	茂木俊彦
誰のための「教育再生」か	藤田英典編
教育改革	藤田英典
教育力	齋藤　孝
思春期の危機をどう見るか	尾木直樹
子どもの危機をどう見るか	尾木直樹
学力を育てる	志水宏吉
幼児期	岡本夏木
子どもとことば	岡本夏木
学問と「世間」	阿部謹也
「わかる」とは何か	長尾　真
学力があぶない	大野　晋 上野健爾
ワークショップ	中野民夫
ニューヨーク日本人教育事情	岡田光世
子どもとあそび	仙田　満
子どもと学校	河合隼雄
子どもの宇宙	河合隼雄
子どもと自然	河合雅雄
教育とは何か	大田　堯
からだ・演劇・教育	竹内敏晴
教育入門	堀尾輝久
日本教育小史	山住正己
乳幼児の世界	野村庄吾
自由と規律	池田　潔
私は二歳	松田道雄
私は赤ちゃん	松田道雄

心理・精神医学

自殺予防	高橋祥友
だます心 だまされる心	安斎育郎
痴呆を生きるということ	小澤　勲
〈こころ〉の定点観測	なだいなだ編著
純愛時代	大平　健
やさしさの精神病理	大平　健
豊かさの精神病理	大平　健
快適睡眠のすすめ	堀　忠雄
夢分析	新宮一成
精神病	笠原　嘉
生涯発達の心理学	高橋惠子 波多野誼余夫
心病める人たち	石川信義
コンプレックス	河合隼雄

哲学・思想

トクヴィル 現代へのまなざし　富永茂樹
和辻哲郎　熊野純彦
西洋哲学史 近代から現代へ　熊野純彦
西洋哲学史 古代から中世へ　熊野純彦
現代思想の断層　徳永恂
宮本武蔵　魚住孝至
いま哲学とはなにか　岩田靖夫
西田幾多郎　藤田正勝
ベルクソン　篠原資明
善と悪　大庭健
丸山眞男　苅部直
世界共和国へ　柄谷行人
ラッセルのパラドクス　三浦俊彦
古代中国の文明観　浅野裕一
悪について　中島義道
ポストコロニアリズム　本橋哲也

神、この人間的なもの　なだいなだ
民族という名の宗教　なだいなだ
権威と権力　なだいなだ
偶然性と運命　木田元
ハイデガーの思想　木田元
現象学　木田元
私とは何か　上田閑照
戦争論　多木浩二
キケロ　高田康成
プラトンの哲学　藤沢令夫
術語集 II　中村雄二郎
臨床の知とは何か　中村雄二郎
術語集　中村雄二郎
哲学の現在　中村雄二郎
マックス・ヴェーバー入門　山之内靖
戦後ドイツ　三島憲一
ニーチェ　三島憲一
新哲学入門　廣松渉
「文明論之概略」を読む 上・中・下　丸山真男

日本の思想　丸山真男
文化人類学への招待　山口昌男
生きる場の哲学　花崎皋平
アリストテレス　山本光雄
近代日本の思想家たち　林茂
諸子百家　貝塚茂樹
知者たちの言葉　斎藤忍随
朱子学と陽明学　島田虔次
デカルト　野田又夫
ソクラテス　田中美知太郎
現代論理学入門　沢田允茂
哲学入門　三木清

岩波新書より

NATO	谷口長世
現代中国文化探検	藤井省三
ロシア市民	中村逸郎
中国路地裏物語	上村幸治
ロシア経済事情	小川和男
相対化の時代	坂本義和
ユーゴスラヴィア現代史	柴宜弘
ビルマ 「発展」のなかの人びと	田辺寿夫
「風と共に去りぬ」のアメリカ	青木冨貴子
東南アジアを知る	鶴見良行
バナナと日本人	鶴見良行
環バルト海 地域協力のゆくえ	百瀬宏 志摩園子 大島美穂
人びとのアジア	中村尚司
モンゴルに暮らす	一ノ瀬恵
イスラームの日常世界	片倉もとこ
ヨーロッパの心	犬養道子
北米体験再考	鶴見俊輔
モロッコ	山田吉彦
韓国からの通信	T・K生 「世界」編集部編
自由への大いなる歩み	M・L・キング 雪山慶正訳

岩波新書/最新刊から

1305 語感トレーニング ―日本語のセンスをみがく55題― 中村明著

「快調」「好調」「順調」、もっとも調子がいいのはどれ？ Q&A形式で楽しく読める、日本語をもっと使いこなすための55のヒント。

1306 勲章 知られざる素顔 栗原俊雄著

勲章とは、いつ何のために生まれ、どんな変遷をたどってきたのか。製造の現場や売買の実情もまじえ、日本の勲章の表と裏を描く。

1307 ネット大国中国 ―言論をめぐる攻防― 遠藤誉著

グーグル撤退騒動から08憲章、そして反日デモ――。ネット上で繰り広げられる「網民」と中国政府との攻防の実態を活写する。

1308 ルポ 認知症ケア最前線 佐藤幹夫著

当事者も専門家も、制度と発想の壁を破り続けることが求められる認知症ケア。各地の多様な試みを共感と確信に満ちたルポで紹介。

1274 平城京の時代 シリーズ日本古代史④ 坂上康俊著

大宝律令、大仏開眼、記紀の編纂など、唐を手本に文化を開花させるも、疫病流行や皇位継承争いが…。揺れ動く時代を豊かに描く。

1309 日本の食糧が危ない 中村靖彦著

世界的な食料不足が目前に迫る中、輸入大国日本はこのままでよいのか？ ＴＰＰへの対処など真の食料安保のための政策を提言する。

1310 次世代インターネットの経済学 依田高典著

なぜ日本ではグーグル、アマゾンのような企業があらわれないのか。情報通信産業の現状と課題を、経済学から明快に解き明かす。

1311 赤ちゃんの不思議 開一夫著

近年解明されつつある赤ちゃんの驚くべき能力。脳科学・認知科学の最新の知見を紹介し、激変する養育環境の影響について論考する。

(2011.6)